人工智能机器人基础

中级

上册

主　编　闵海波
副主编　张建忠　吕远　张豆

清華大学出版社
北　京

内 容 简 介

本套书面向义务教育阶段的小学生，内容符合《义务教育信息科技课程标准（2022年版）》的要求，育人目标明确，知识脉络清晰，以人工智能、机器人、编程为课程逻辑主线，遴选凸显三大学科核心概念、学科思维的课程内容，契合前沿科技“具身智能”领域“形态、感知、学习、行为”四模块结构体系，强调认知与应用并重，运用场景化、探究式、项目式等学习方式，培养学生以人工智能为核心的信息科技素养。

本书内容以单元项目的形式展开，引导学生围绕人工智能，探索其定义、发展历程、核心要素、技术应用等，重点探究人工智能实现感知的各类传感器，并设计控制机器人感知环境的实践内容，帮助学生掌握相关原理，同时讨论人工智能对社会的重要价值和潜在风险，旨在提升学生的科技洞察力、创新实践能力、跨学科综合能力，助力他们成为未来科技发展的引领者。

图书在版编目（CIP）数据

人工智能机器人基础：中级. 上册 / 闵海波主编.
北京：清华大学出版社，2024. 9（2024.9重印）. --ISBN 978-7-302
-67131-2

Ⅰ. G624.581

中国国家版本馆CIP数据核字第2024WH3573号

责任编辑：赵轶华
封面设计：傅瑞学
责任校对：赵琳爽
责任印制：杨　艳

出版发行：清华大学出版社
网　　址：https://www.tup.com.cn，https://www.wqxuetang.com
地　　址：北京清华大学学研大厦 A 座　　**邮　　编：**100084
社 总 机：010-83470000　　**邮　　购：**010-62786544
投稿与读者服务：010-62776969，c-service@tup.tsinghua.edu.cn
质量反馈：010-62772015，zhiliang@tup.tsinghua.edu.cn
印 装 者：涿州汇美亿浓印刷有限公司
经　　销：全国新华书店
开　　本：185mm × 260mm　　**印　　张：**6.25　　**字　　数：**81 千字
版　　次：2024 年 9 月第 1 版　　**印　　次：**2024 年 9 月第 2 次印刷
定　　价：50.00 元

产品编号：108383-01

前言 PREFACE

同学们，提到人工智能，你们会想到什么？除了生活中常见的人脸识别、语音识别之外，你们一定听说了风靡全球的生成式人工智能，或许很多人还没有机会体验它的强大，但是人工智能再一次向人类展现了变革世界的能力。完全可以预见，人工智能一定会越来越深刻地影响人们的学习、生活和工作，也许就在不久的将来，电影中的场景将成为现实，人工智能产品将成为人类最得力的工作伙伴。那我们该如何应对人工智能带来的机遇和挑战呢？从现在开始，更好地了解这项快速发展的技术，认识到它的巨大作用，在此基础上培养自身的信息素养，或许能帮助大家找到适合自己的发展方向，更好地适应未来社会。

近几年，关注人工智能教育已经成为全人类的共识，欧美一些国家还特别制订了翔实的行动计划。我国也高度重视发展人工智能教育，在国务院于 2017 年 7 月出台《新一代人工智能发展规划》之后，教育部陆续发布了一系列政策文件，对人工智能教育做出规划。

人工智能教育需要从娃娃抓起，但因为人工智能知识很抽象、很复杂，所以为小学阶段的学生设计一套适合的人工智能课程，不是一件简单的事。为了解决这个难题，本套教材的设计者们找到了人工智能机器人这个好帮手，通过它，大家可以将机器人的“人工智能”和人的“自然智能”做比较，从而敲开人工智能世界的大门。相信在人工智能机器人的配合下，本套教材一定能很好地激发大家学习的热情。

本书共包含四个项目。

项目一是“初识人工智能”，将探究人工智能的定义、发展历程、分类及核心要素，了解生活中的各类人工智能产品及应用。

项目二是“走进人工智能”，将探究人工智能的各项本领背后应用的人工智能技术，如图像识别、语音识别、语音合成、机器翻译等技术的定义、发展故事、实际应用。

项目三是“人工智能的感知”，将探究帮助人工智能实现图像、声音、运动等感知的各类传感器的功能及应用，学习运用程序对传感器感知到的数据进行处理，从而控制机器人做出反应。

项目四是“人工智能的影响”，将探究智慧教育的概念及应用，了解奇点理论，分析人工智能对社会的巨大价值和潜在威胁。

配合项目式学习的过程，本书还为大家提供了丰富的人工智能科普故事和前沿知识，包括人工智能的缘起、霍金的交流之旅、感知智能、具身智能等。另外，在程序设计方面，大家将进一步学习程序的三大结构及其流程图的绘制，还会学习如何编写复杂程序来帮助机器人感知环境，并做出控制。

除了将人工智能、机器人和编程知识做了有机融合，本套教材还匹配了教育部颁布的《义务教育信息科技课程标准（2022 年版）》，更加注重培养学生的信息科技素养。期待使用本套教材的同学们，不仅能发现和探索一个未知的世界，更能增添认识未来的不同思维方式和实践路径，发展计算思维、工程思维、创新思维等，成为具备信息科技核心素养的未来建设者。

编　者

2024 年 5 月

目　录

CONTENTS

各位同学，你们好，宾果又跟大家见面了。还记得之前我们一起探索了人工智能机器人的哪些秘密吗？我们探究了机器人机械结构的三个关键部分——机械臂、移动机构、传动机构，学习了机器人的传感器和执行器怎样在电的驱动下工作，以及电路在其中发挥了哪些关键作用，还知道了机器人的控制器如何通过运行算法程序来发挥中枢作用，并探究了它怎样做出运动规划、路径规划等。相信大家对人工智能机器人的了解已经很丰富了，但这只是人工智能的冰山一角，它的强大远远超出你们的想象。

这个学期，我们将继续揭开人工智能的面纱，了解它的定义、发展历程、探寻它的各项本领，如“看”“听”“说”“想”“动”，这涉及计算机视觉、智能语音、自然语言处理等多个人工智能研究和应用领域。大家准备好了吗？让我们继续踏上探索人工智能学习的神奇之旅吧。

项目一

初识人工智能

同学们，你们感觉到了吗？人工智能正向我们大步走来，它正以不可思议的方式和速度融入我们生活的方方面面。科学家预测，人工智能为世界带来的影响，将远远超过计算机和互联网。那到底什么是人工智能？它是如何发展起来的？它是怎样获得智能的？在这个项目中，让我们一起探寻人工智能的秘密，了解和认识人工智能吧！

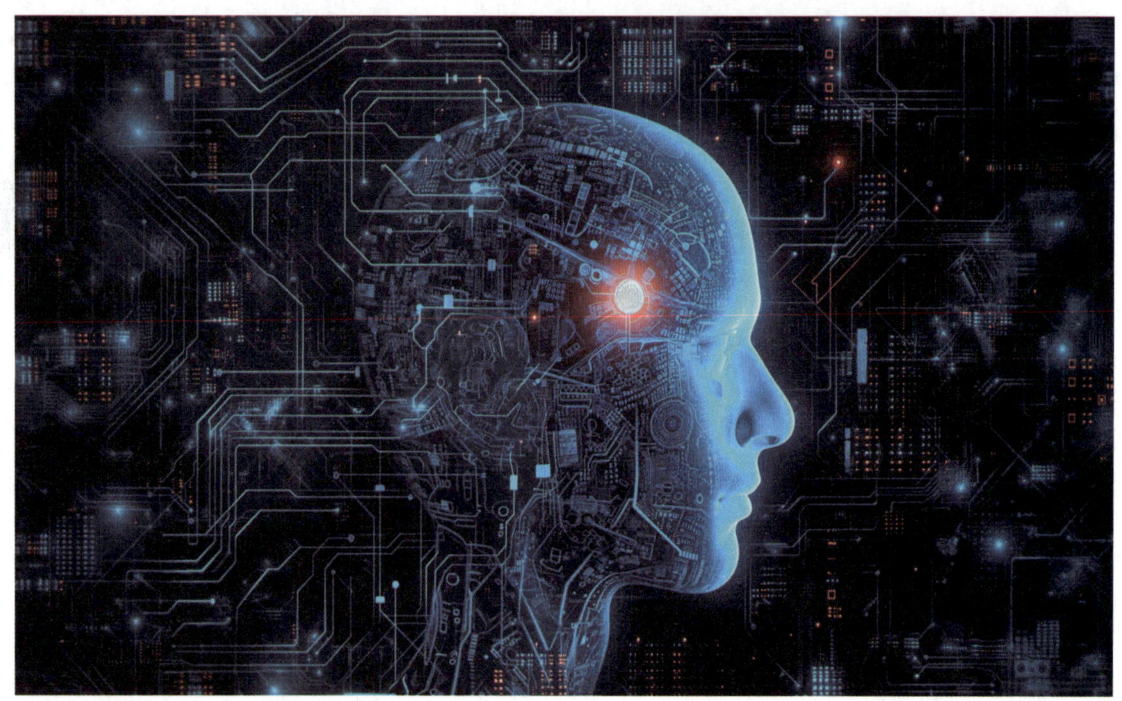

项目目标

1. 了解人工智能的定义，能够说出自然智能和人工智能的区别。
2. 了解图灵测试，知道其提出者和基本测试方法。
3. 了解人工智能的发展历程，能够说出其过程中的重要事件。
4. 能够列举生活中的人工智能产品，并清楚阐述其功能和应用场景，感受人工智能的强大，建立对人工智能的基本认识。

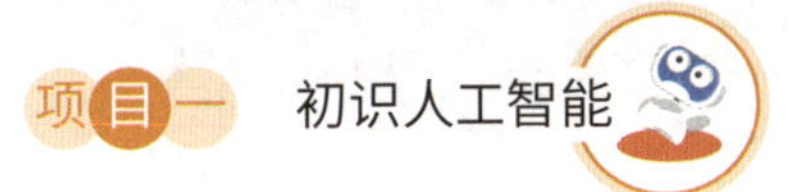

5. 知道人工智能的分类，能够辨别日常生活中人工智能应用的智能水平。
6. 了解人工智能的三要素，知道各要素对人工智能的重要意义。
7. 了解生成式人工智能的定义，知道其突出特点，能够列举出其应用场景。

项目过程

本项目设计了 2 次课，共 2 个学习活动。同学们将在老师和人工智能机器人的引导下，通过观察、讨论、小组合作等方式完成项目活动，达成学习目标。

1. 活动一：通过分析人类智能的特点，讨论得出人工智能的定义；了解著名的智能判定方法“图灵测试”的提出者和测试方法，并通过趣味游戏加深认识；通过时间线的方式梳理人工智能的发展历程以及其中的重要事件；列举并体验生活中的人工智能产品功能，感受人工智能与生活的紧密联系；学习人工智能的分类方法，讨论分析人工智能产品的智能水平。
2. 活动二：了解人工智能的三要素——数据、算法、算力，以及三者之间的重要关系；通过列举日常生活中产生的数据，体会数据的无处不在和丰富类型；通过课堂活动加深对算法概念的理解，简单了解机器学习、深度学习等算法概念；通过课堂活动加深对算力的理解，简单了解并行计算、人工智能芯片等概念；通过体验活动，了解生成式人工智能的功能、特点及应用。

一 第 1 课　人工智能到底是什么

想一想

生活中有各种各样的人工智能产品，那么人工智能到底是什么？它又经历了怎样的发展历程呢？

探一探

1. 请说一说你对人工智能三次浪潮的认识，并为每一次人工智能浪潮概括一个关键词，填写在图中的横线上。

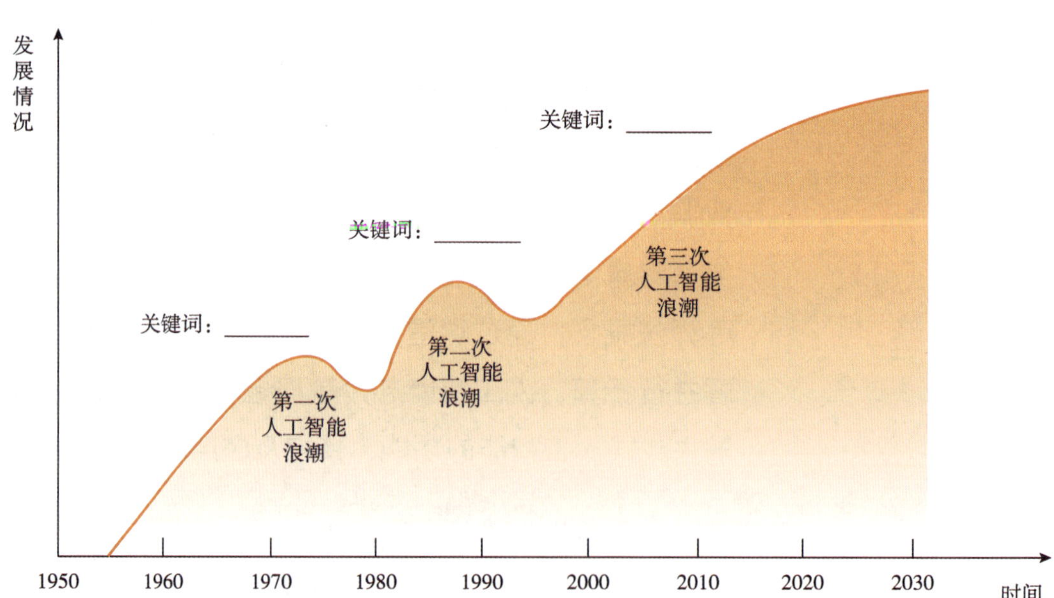

2. 请将下列人工智能发展历程中的重要事件与对应年份连线。

1956 年	“深蓝”击败国际象棋世界冠军
1966 年	达特茅斯会议
1997 年	ChatGPT 发布
2017 年	世界上第一个聊天机器人 ELIZA 诞生
2022 年	“阿尔法狗”击败围棋世界冠军柯洁

3. 请填写你知道的人工智能产品的功能和应用场景。

人工智能产品	功能描述	应用场景

AI 知识库

自然智能：是指存在于自然界中的智能，例如人类和其他动物的智能，它包括感知、学习、思考和解决问题等能力。自然智能是通过生物体的大脑和神经系统实现的。

人工智能：由人类设计和开发的智能系统，它使用计算机技术和算法来模拟人类的智能行为，例如感知、学习、推理和决策等。人工智能的目标是让机器能够像人类一样进行思考和行动。人工智能的外形并不固定，它能够以各种形式呈现，如软件程序、智能机器人、智能设备等。在不同的应用场景下，人工智能可能会有不同的外形和设计。

人工智能分类：

弱人工智能（Narrow AI）：指专注于特定任务的人工智能系统，例如图像识别、语音识别等。

强人工智能（Strong AI）：也被称为通用人工智能，指能够在多个领域和任务中表现出类人的智能水平，具备学习、理解、推理、创造等能力的人工智能系统。

超人工智能（Super AI）：指超越人类智能水平的人工智能系统，它具有更高的智能和能力，可能在各个领域都有超越人类的表现。

图灵测试：由英国科学家、人工智能领域先驱艾伦·图灵提出的一个思想实验，用于判断一台机器是否具备人类智能。在测试中，测试者与被测试者（人

或机器）通过一些装置（例如键盘）进行交流，如果测试者无法通过交流区分出被测试者是人还是机器，那么这台机器就通过了图灵测试。

课堂练习

1. 人类和其他动物的智能是____________________。
2. 人工智能的英文是 Artificial Intelligence，简称为____________。
3. ____________________被誉为“人工智能的起点”。
4. ________________提出了一个判断机器是否具备智能的思想实验是____________________。
5. 人工智能按照智能水平可以分为__________、__________、__________。
6. 人工智能__________固定的外形，它可以根据不同的应用和需求进行设计和实现。

一

第 2 课　人工智能的三件法宝

想一想

人工智能给人们的生活带来了很多的便利和惊喜，那么人工智能是如何变得这么神奇的呢?

探一探

1. 请尽可能多地列举日常生活中我们因使用智能产品而产生的数据。

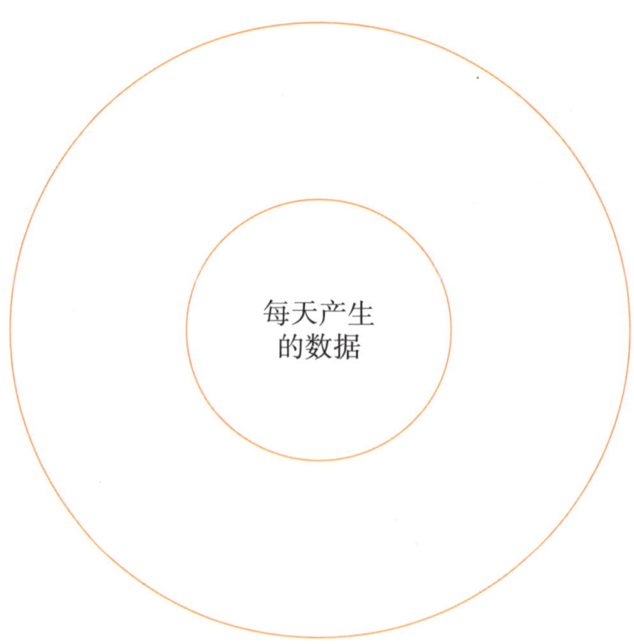

2. 请将下列关于机器人洗衣服的指令按照合适的顺序进行排列。

3. 请计算 1+2+3+…+100 的值，比一比看谁计算得快。

AI 知识库

人工智能的三要素分别是数据、算法和算力。

数据：数据是人工智能的“原材料”，它包含了大量的信息和知识。这些数据可以是文本、图像、音频、视频等各种形式。通过对数据的学习和分析，人工智能系统可以提取出有用的模式和特征，从而实现对未知数据的预测和分类。

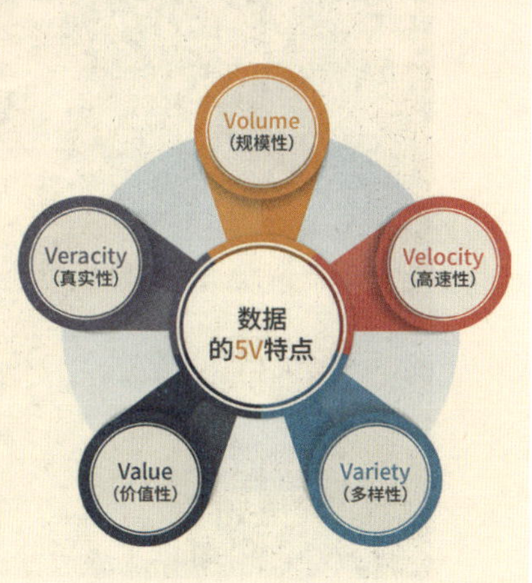

算法：算法是人工智能处理数据和解决问题的“方法”。在人工智能中，大量的数据需要通过特定的算法来进行处理、分析和理解，从而使机器能够模拟人类的智能行为。不同的算法可以赋予人工智能不同的能力和表现。比如，分类算法可以帮助人工智能对各种事物进行准确分类；回归算法可以应用于预测和估计等。

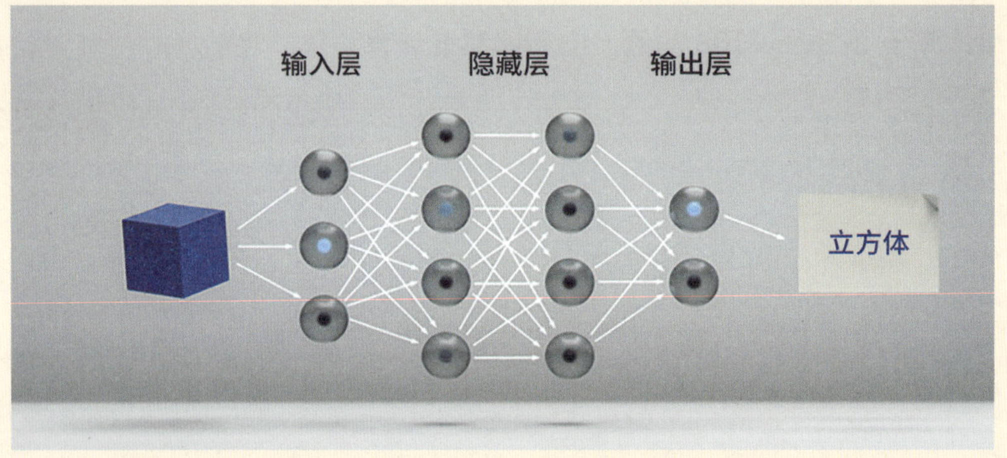

算力：算力是支撑算法运行的“动力”，它是指计算机的计算能力。随着数据量的增大和算法复杂度的提高，算法对算力的需求也越来越大。强大的算力可以提高算法的运行速度和处理能力，从而使人工智能系统可以更快地处理和分析数据。

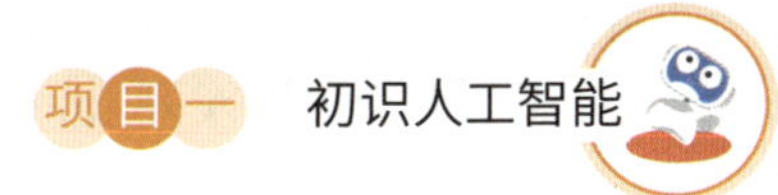

生成式人工智能：是一种能创造新内容的人工智能，它通过学习生成新的文本、图像、音频等。与其他人工智能技术不同，它注重创新，可用于创作故事、诗歌、绘画、新闻文章等。

课堂练习

1. 人工智能的三要素分别是____________、____________、____________。
2. 数据相当于人工智能的____________，算法相当于人工智能处理数据和解决问题的____________，算力相当于人工智能的____________。
3. 人工智能可以处理不同类型的数据，如____________、____________、____________、____________等。
4. 数据量越大，对算力的要求____________。

· 拓展阅读 ·

人工智能研究的缘起——达特茅斯会议

1956 年夏天，一场具有历史意义的会议在美国新罕布什尔州的达特茅斯学院拉开了序幕。这场会议汇聚了来自不同学科背景的研究者们，包括数学家、逻辑学家、神经生理学家和心理学家等，共同探讨着一个当时看似遥远但却充满潜力的领域——人工智能。

达特茅斯会议的组织者之一是约翰 · 麦卡锡，他是人工智能领域的先驱之一，提出了“逻辑理论家”这一概念，认为通过逻辑推理可以构建智能系统。另一位重要人物是马文 · 明斯基，他强调了神经网络在模拟人脑工作原理方面的潜力。沃伦 · 麦库洛克和诺伯特 · 维纳等学者也在会议上发表了重要观点，共同探讨如何让机器表现出类似人类智能的行为。

在达特茅斯会议上，研究者们热烈讨论着人工智能的定义、目标和方法。他们提出了许多关键概念，如“符号推理”“机器学习”和“智能代理”，这些概念后来成为人工智能研究的基石。研究者们还展示了一些早期的人工智能系统，如逻辑推理程序和游戏玩家程序，这些系统虽然简单，但却展示了人工智能技术的潜力。

除了技术讨论，达特茅斯会议还引发了对人工智能伦理和社会影响的思考。研究者们开始关注人工智能可能带来的道德挑战和社会变革，他们呼吁在人工智能研究和应用中注重伦理原则和社会责任，以确保技术的安全和可持续发展。

达特茅斯会议被认为是开启人工智能新时代的契机，为这一领域的发展指明了方向。通过跨学科的合作和思想碰撞，研究者们在这次会议上共同探索了人工智能的未来，为后来的技术创新和社会发展奠定了坚实基础。这场会议不仅改变了人们对人工智能的认识，也影响了整个科技领域的发展方向。

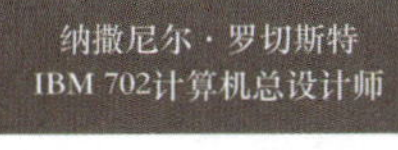

举世瞩目的“人机大战”

2017 年 5 月，一场举世瞩目的人机大战在围棋界掀起了轩然大波。阿尔法狗，这个由顶尖科技打造的人工智能，与当时世界排名第一的围棋天才柯洁展开了一场惊心动魄的对决。

柯洁，年少成名的围棋高手，以其卓越的棋艺和精湛的战术而备受赞誉。他代表着人类智慧的巅峰，决心在这场人机大战中捍卫人类的尊严。比赛的舞台上，气氛紧张而凝重，阿尔法狗与柯洁的对弈仿佛是两个时代的交锋。每一步棋都牵动着观众的心弦，大家都屏息以待，期待着这场史诗级的对决。柯洁深思熟虑，每一步棋都蕴含着他多年的积累和对围棋的独特理解。然而，阿尔法狗的强大计算能力和深度学习算法让它的每一步都显得精准而果断。

随着比赛的进行，柯洁逐渐感受到了前所未有的压力。阿尔法狗的战术和棋路让他陷入了困境，他开始意识到，这场比赛不仅仅是技艺的较量，更是对人类智慧的一次巨大挑战。尽管面临重重困难，柯洁并没有轻易放弃。他不断调整策略，试图寻找阿尔法狗的破绽。每一步棋都充满了挑战和惊险，观众们也被他的坚持和勇气所打动。然而，最终的结果却出人意料。阿尔法狗凭借其卓越的计算能力和无与伦比的准确性，战胜了柯洁。这个结果让人们对人工智能的发展感到震惊，也引发了人们对人类智慧与科技的深刻思考。

这场人机大战并不仅仅是一场比赛，更是一个时代的见证。它让人工智能再次成为全世界的焦点，让我们认识到人工智能的巨大潜力和影响力，也让我们反思人类智慧的边界和未来的发展方向。

· 项目评价 ·

请根据如下思维导图，回顾和总结本项目所学知识。

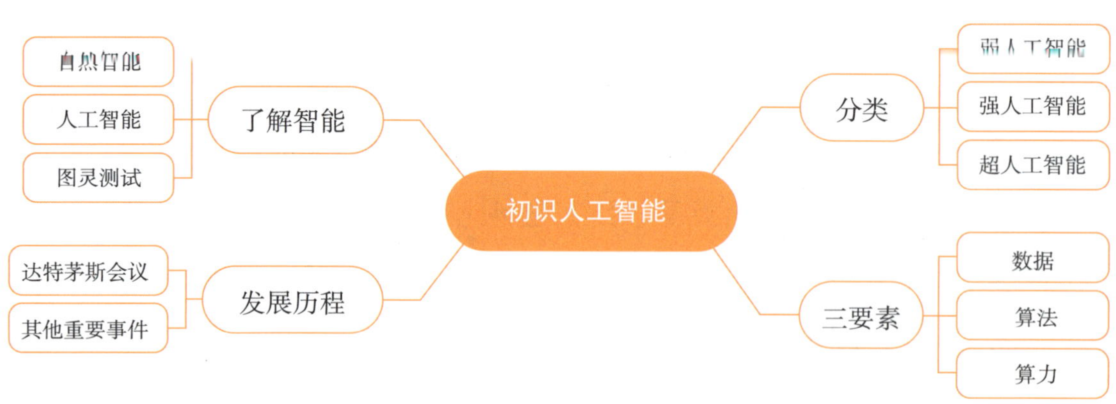

本项目完成后，请你根据如下评价表，对本项目的学习过程进行评价。

序号	评价内容	达成情况		
		达成	部分达成	尚需努力
1	知道人工智能的定义，能够说出自然智能和人工智能的区别			
2	知道什么是图灵测试，是谁提出的以及其基本测试方法			
3	能够简单说出人工智能的发展历程及其过程中的重要事件			
4	能够辨别日常生活中的人工智能的智能水平，并将其正确分类			
5	能够列举生活中的人工智能产品，并清楚阐述其功能、优点和应用			
6	知道人工智能的三要素，清楚各要素对人工智能的重要意义			
7	知道生成式人工智能的定义及特点，能够列举出其应用			

项目二

走进人工智能

同学们，人类让机器在数据中学习和训练，从而模拟人的感觉、思考、行为等智能，让机器具备“看”“听”“说”“想”“动”等各项能力，这涉及了计算机视觉、智能语音、自然语言处理和知识图谱等众多人工智能应用和研究领域。在这个项目中，我们将一起探寻各具能力的人工智能，了解它们背后的技术应用和发展故事。

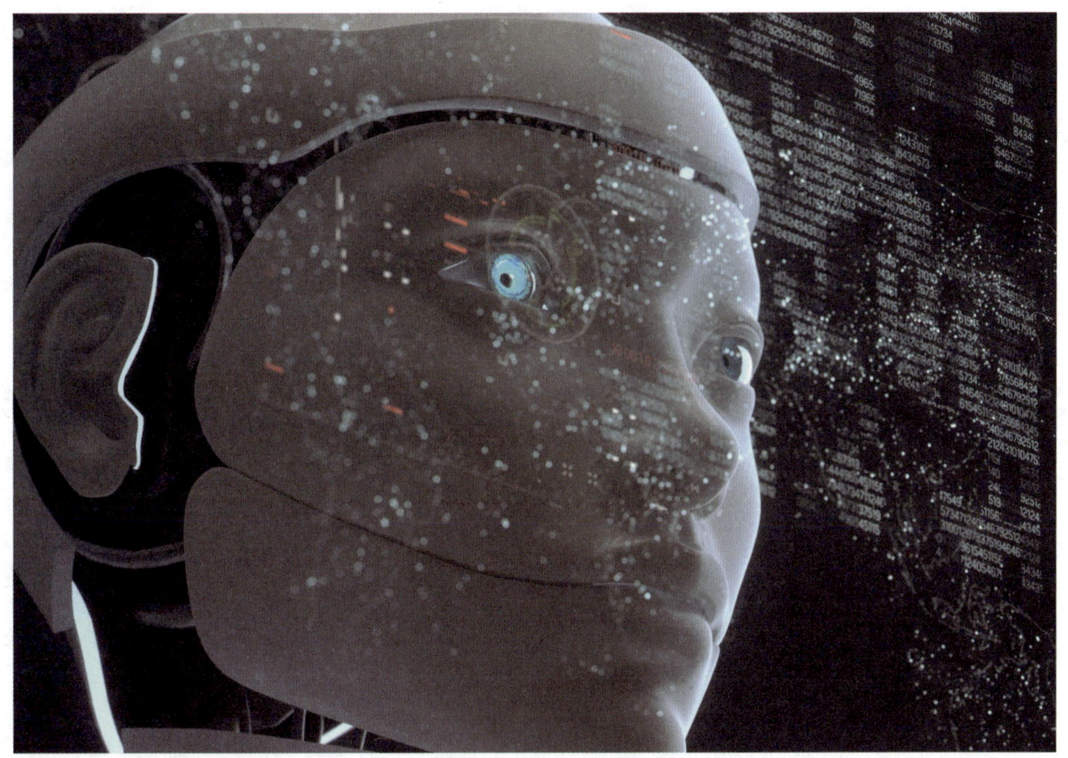

项目目标

1. 了解图像识别技术及其发展历程，能够列举其实际应用，探究影响人脸识别效果的因素。
2. 了解语音识别技术及其发展历程，能够列举其实际应用，探究影响语音识别效果的因素。
3. 知道人工智能发声的两种方式，了解语音合成技术及其发展历程，能够列举其实际应用，了解语音交互系统的含义和应用到的关键技术。

4. 掌握生物特征识别技术的概念，知道常见的生物特征识别技术并说出其对应的实际应用。
5. 了解机器翻译技术、自然语言处理技术，能够对比人工翻译说出机器翻译的优缺点。
6. 了解智能机器人的特点，能够列举其在各行业中的具体应用。

项目过程

本项目设计了 4 次课，共 4 个学习活动。同学们将在老师和人工智能机器人的引导下，通过观察、讨论、小组合作等方式完成项目活动，达成学习目标。

1. 活动一：通过生活中的人脸识别场景，引出图像识别技术；通过时间线的方式梳理图像识别技术的发展历程，知道图像识别的应用可分为文字识别、数字图像识别、物体识别三大类，并通过列举和分析对应的常见应用，加深对每个分类的理解；通过课堂讨论，探究影响人脸识别效果的因素。
2. 活动二：通过生活中的智能音箱产品，引出语音识别技术；通过时间线的方式梳理语音识别技术的发展历程，了解各个阶段的技术特点和典型产品；通过列举和分析日常生活中的语音识别应用场景，加深对语音识别的理解；通过课堂讨论，探究影响语音识别效果的因素。
3. 活动三：通过生活中的智能音箱、语音助手，引出语音合成技术；通过时间线的方式梳理语音合成技术的发展历程，了解各个阶段的技术特点和典型产品；通过列举和分析日常生活中的语音合成应用场景，加深对语音合成的理解；通过课堂讨论，探究生活中的发声场景是否

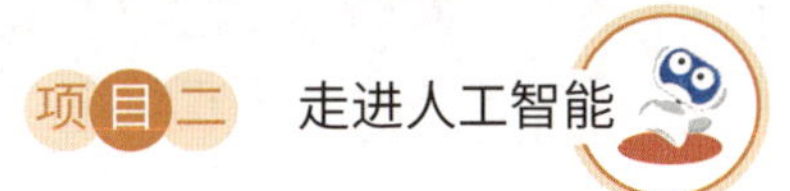

用到语音合成技术；学习语音交互系统的含义，了解其中的关键技术。

4. 活动四：了解生物特征识别技术的含义，学习常见的生物特征识别技术，如人脸识别、指纹识别、声纹识别、笔迹识别等，了解每种技术可能的应用场景；了解机器翻译、自然语言处理技术，通过课堂活动，探究机器翻译相较于人工翻译的优缺点；通过列举智能机器人在各行业的具体应用，了解智能机器人的特点，全面认识人工智能的强大，认识到人工智能不仅能看、能听、会说，还能动。

二

第 1 课　人工智能看得见

想一想

人脸识别在生活中的应用非常广泛，这是靠什么技术实现的呢？一起来探索一下吧。

探一探

1. 图像识别技术的发展主要经历了哪三个阶段？请将下图填写完整。

图像识别技术的发展

2. 生活中哪些地方运用了图像识别技术？它们分别有什么优点？

图像识别技术的应用	优点

续表

图像识别技术的应用	优点

3. 思考一下哪些因素会影响人脸识别的效果。

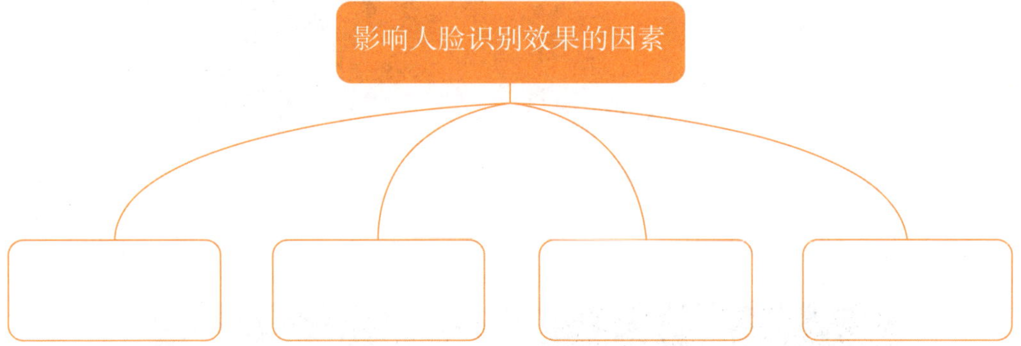

AI 知识库

图像识别技术：是人工智能的一个重要研究方向。它可以让机器像我们人类一样看懂图片。这项技术主要是通过对图像进行分析和处理，让机器识别图像中的内容、场景、物体等。

图像识别技术的发展如下。

➢ 文字识别：可以将图像或文档中的文字自动转换为可编辑的文本。例如识别车牌、证件，或将手写笔记转换为电子文档等。

➢ 数字图像识别：通过对图像的理解和分类，可以识别出图像中的对象、场景等。例如识别人脸，不同的动物、植物，或者对图片进行分类等。

➢ 物体识别：可以看作图像识别技术的一个特例，它专注于识别和区分不同的物体。例如自动驾驶中识别车辆、行人、建筑物，物流中心分拣不同类型的货物等。

课堂练习

1. 图像识别技术可以让机器____________世界。

2. 图像识别技术主要经历了____________________、____________________、____________________三个阶段。

3. 火车站的“刷脸”进站属于图像识别技术中的________________________。

4. 智能停车场的入口和出口会进行________________________，这属于图像识别技术中的____。

5. 在物流中心，人工智能机器人可以对不同的包裹、箱子或托盘进行自动识别和分类，这用到了图像识别技术中的________________________________。

二 第 2 课　人工智能听得懂

想一想

智能音箱为什么能听懂人说话，这是靠什么技术实现的呢？一起来探索一下吧。

探一探

1. 语音识别技术的发展主要经历了哪三个阶段？请将下图填写完整。

语音识别技术的发展

2. 生活中哪些地方运用了语音识别技术？它们分别有什么优点？

语音识别技术的应用	优点

续表

语音识别技术的应用	优点

3. 思考一下哪些因素会影响语音识别的效果。

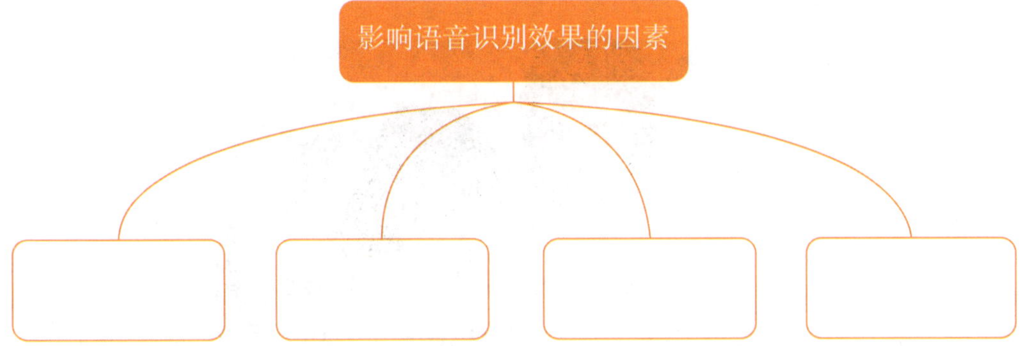

AI 知识库

语音识别技术： 是人工智能的一个重要研究方向。它可以让机器听懂人类说的话。这项技术主要是通过对语音进行分析和处理，将人类的语音转换为机器可理解的文本或指令。

语音识别技术的发展如下。

- 有限字词识别：20 世纪 50 年代至 70 年代，这个阶段的语音识别系统只能识别有限的字词，例如由 AT&T 贝尔实验室开发的 Audrey 语音识别系统，它只能识别 10 个英文数字。
- 连续字词识别：20 世纪 80 年代至 90 年代，这个阶段的语音识别系统能够识别连续的字词，例如由 IBM 公司开发的 ViaVoice 语音识别系统，它可以识别连续的语音，而不仅仅是单词或短语。
- 长句子识别：21 世纪初至今，随着深度学习算法的发展，语音识别系统能够识别更长、更复杂的句子，例如百度的“小度”智能音箱、手机中的智能语音助手、微信的语音输入法等。

课堂练习

1. 语音识别技术可以让机器________________语言。
2. 通俗地讲，语音识别技术就是将____________转换为____________。
3. 语音识别技术主要经历了______________、______________、______________三个阶段。
4. 语音输入法可以将人类的语音转换成______________。

二 第 3 课　人工智能会说话

思考与探索

想一想

生活中的很多智能产品不仅能听懂人说话，还能与人进行对话，这是靠什么实现的呢？一起来探索一下吧。

探一探

1. 语音合成技术的发展主要经历了哪三个阶段？请将下图填写完整。

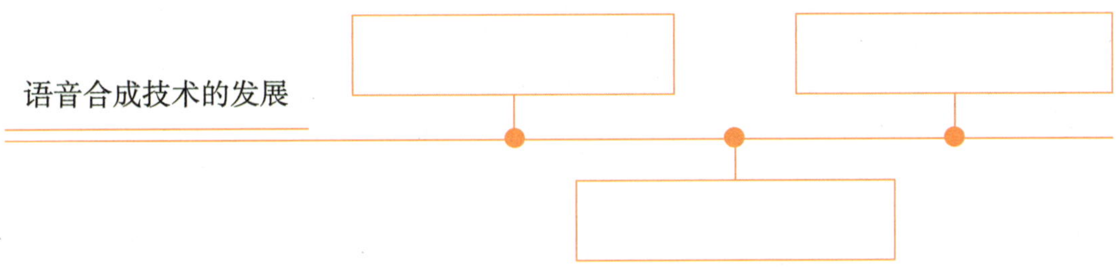

2. 下列生活中的哪些场景可能运用了语音合成技术？请将你的想法记录在下表中。

生活中的常见场景	是否用到了语音合成技术
普通音箱播放声音	
手机语音导航	

续表

生活中的常见场景	是否用到了语音合成技术
智能点读笔	
医院自动叫号	
智能客服	
音乐软件播放歌曲	
航班信息播报	
迎宾机器人	

3. 畅想一下，你想在什么场景中拥有一套语音交互系统，让人工智能帮你解决问题呢？请将你的想法记录在下表中。

应用场景	想要的功能

AI 知识库

语音合成技术：是人工智能的一个重要研究方向，是与语音识别相对的技术。它可以让机器说出人类的话，这项技术主要是通过对文本或指令进行分析和处理，生成相应的语音。

语音合成技术的发展如下。

- 有限字词合成：20 世纪 60 年代至 80 年代，这个阶段的语音合成还处于起步阶段，只能合成有限的字词，合成的语音质量相对较低，声音通常比较生硬，缺乏自然度，主要应用在一些简单的场景，如工厂的语音警报系统、车辆的倒车提示等。
- 连续字词合成：20 世纪 80 年代至 90 年代，这个阶段的语音合成能够生成较长的词语序列，语音的自然度和流畅度得到了显著提高，这使得语音合成技术在更多的领域得到了应用。除了电子词典的发音功能外，还被应用于语音合成器，为有视力障碍或阅读困难的人群提供文字的语音朗读等。此外，它也被用于早期的语音导航系统，为驾驶员提供路线指示。
- 长句子合成：进入 21 世纪后，随着深度学习算法的发展，语音合成技术取得了重大突破，能够合成完整的句子，合成的语音质量更加接近人类的自然语音，表达更加清晰准确。这个阶段的应用非常广泛，如语音助手、智能语音导航、智能客服等系统通过语音合成技术与用户进行交互，以提供服务和解决问题。

语音交互系统：是一种允许人们通过语音与机器进行交互的技术。通过语音交互，人们可以更加方便、快捷地与机器进行交互，无须使用键盘、鼠标等输入设备，从而提高了用户体验和工作效率。在语音交互系统中，关键的技术包括语音识别、自然语言处理、语音合成等。

课堂练习

1. 语音合成技术可以让机器________________语言。
2. 通俗地讲，语音合成技术就是将__________转换为__________。
3. 语音合成技术主要经历了______________、______________、______________三个阶段。
4. 智能语音导航能够实时识别用户的语音输入是应用了______________，它以自然的语音回应，提供路线指示、路况信息等是应用了__________。
5. 请列举三个智能语音交互机器人可能出现的场所：____________、____________、____________。

二 第 4 课　人工智能大显身手

想一想

人工智能看得见、听得懂、还会说话，你知道它还有哪些本领吗？一起来探索一下吧。

探一探

1. 思考和想象一下，哪些场景中可能会应用到下列几种生物特征识别技术呢？请将你的想法记录在下表中。

生物特征识别类型	可能的应用场景
人脸识别	
指纹识别	
声纹识别	
虹膜识别	
笔迹识别	
步态识别	

2. 请尝试完成下列句子的中英文互译，并记录翻译用时。

句子（中 / 英）	翻译结果	用时
今天是星期一。		
这是一只猫。		
很高兴见到你。		
她有一双大眼睛。		
The sky is blue.		
This is an apple.		
Please open the window.		
How old are you?		

3. 人工智能机器人在工业、农业、医疗等领域有哪些实际应用？请将你知道的机器人填写在下表中，并说明其功能。

行业	机器人名称	功能描述
工业		
农业		
医疗		

AI 知识库

生物特征识别技术：是利用人体的生理特征或行为特征来进行个人身份识别的技术。

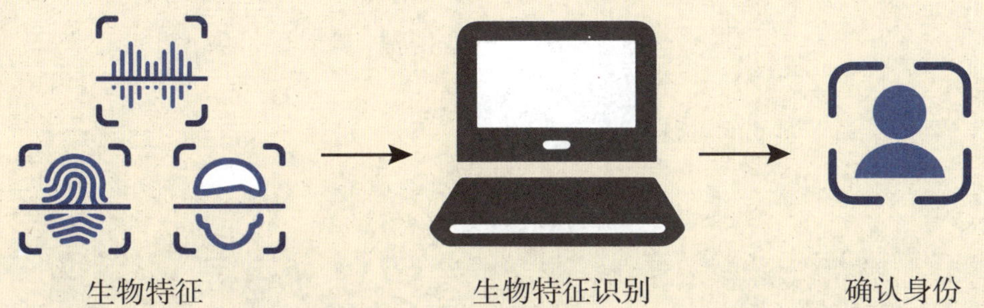

常见的生物特征识别技术：

- 人脸识别：通过对人脸图像进行分析和比对，以识别个人身份。实际的应用例子有手机面部解锁、门禁系统、安防监控等。
- 指纹识别：利用指纹的唯一性进行身份识别。常见的应用有手机指纹解锁、指纹锁、考勤系统等。
- 声纹识别：识别个人的声音特征以进行身份确认。声音识别在语音助手、电话银行验证等方面有应用。
- 虹膜识别：通过对人眼虹膜的特征进行识别来确认身份。虹膜识别常用于高度安全的场所，如军事设施、银行等。
- 笔迹识别：分析个人的手写笔记特征来识别身份。它可以用于文档签名验证、考试防作弊等场景中。
- 步态识别：通过分析人的行走姿势和步态特征来识别身份。这种技术可用于安防监控、智能家居等领域。

机器翻译技术：可以让机器将一种语言自动翻译成另一种语言。机器翻译技术的应用非常广泛，比如在线翻译工具、文档翻译、跨国交流等。

自然语言处理技术：可以让机器理解和处理人类语言。它包括词法分析、句法分析、语义理解、文本分类等多个方面。这项技术的应用也很广泛，例如语音识别、语音合成、机器翻译、文本生成、信息检索、情感分析等。

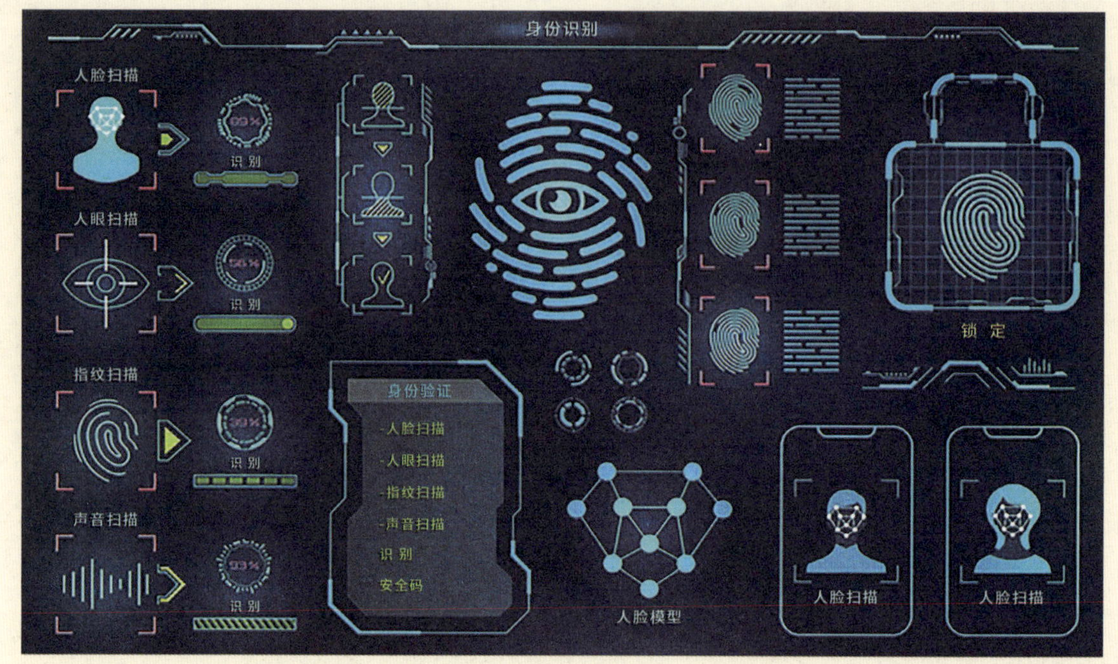

智能机器人：能够自主地感知、决策和执行，并且可以不断地学习和改进自己的能力。能够帮助人们完成各种复杂的任务，提高工作效率和质量，为人们的生活带来更多的便利和舒适，其应用范围非常广泛，在工业、农业、医疗等领域都有它们的身影。

课堂练习

1. 生物识别技术包括________、________、________、________、________、________等。

2. 请列举三个指纹识别的应用场景：________、________、________。

3. 相对于大多数人来说，机器翻译得更________，机器会的语言种类更________。

4. ________处理技术是机器翻译的重要支撑，它可以帮助机器更好地理解和处理自然语言，从而提高翻译的质量和准确性。

5. 请列举三个可以协助或代替人工作的智能机器人：________、________、________。

· 拓展阅读 ·

科技的力量：失踪儿童的归家之旅

2009 年 6 月 12 日下午 5 点 20 分，一个名叫“小耗子”的 3 岁男孩在四川省武胜县沿口镇失踪。这对于他的父母来说，无疑是一场噩梦的开始。从此，他们的生活被无尽的痛苦和寻找所占据。但是，科技的进步为这个故事带来了新的转机。

2017 年年底，“宝贝回家”寻子网与腾讯优图实验室展开了合作，他们决定借助人工智能技术的力量，寻找失踪的孩子。“小耗子”被拐时才 3 岁，到 2017 年年底已经 11 岁多，而这段时间正是人一生中面部变化最为剧烈的阶段，国际上当时还没有成功跨越 10 年通过人脸识别技术找到失踪儿童的先例，腾讯优图实验室的跨年龄人脸识别技术成了关键。研究人员们夜以继日地工作，通过对“小耗子”失踪前照片的深入分析和处理，他们运用精密的算法和强大的计算能力，一点一点地还原着“小耗子”的面容，每一个线条、每一个特征，都被仔细地绘制和比对。终于，经过不懈的努力，他们成功地获得了“小耗子”长大后的面部特征。

有了这项关键线索，警方进一步进行了 DNA 亲子鉴定，最终找到了失踪多年的“小耗子”。2019 年 4 月，走丢近 10 年的“小耗子”与父母重逢，那一刻泪水和拥抱交织在一起。这个看似不可能的团圆，成为人工智能技术的伟大见证。

科技的力量：霍金的交流之路

斯蒂芬 · 威廉 · 霍金，来自英国剑桥大学的著名物理学家，被誉为现代最伟大的物理学家之一。然而，在 21 岁时，他被诊断出患有肌肉萎缩性侧索硬化症，俗称渐冻症，这导致他全身瘫痪，无法言语。但他并没有向命运低头，而是坚持尝试用各种方法与外界进行交流。

最初，霍金依靠眼神与人交流。他面对着拼写板，通过扬起眉毛等方式指示字母，艰难地拼出词汇。这种交流方式极为困难，撰写科学论文等工作更是几乎不可能。

后来，物理学家马丁·金等人的出现为霍金带来了转机。他们在霍金的轮椅上安装了计算机和显示器，并借助一套辅助软件，让霍金能够通过简单的指令实现文字输入。随着对系统的熟悉，霍金的家人和朋友还为他找到了语音合成器，将他打出的文字转换为声音，并按照他的意愿调整成他本人的声音。这意味着霍金的思想可以直接被转换为声音表达出来。

然而，随着霍金病情的逐渐加重，他的动手能力完全丧失。但研究者们为他设计了新的装置，通过安装在眼镜框上的红外线检测器，感知他的肌肉活动，使他只需动动脸就能操纵轮椅上的计算机。

在一次演讲中，霍金用他那微弱但坚定的声音说道："尽管我的身体受到限制，但我的思想可以自由穿越宇宙的边界。"他的演讲充满了智慧和激情，深深触动了在场的每一个人。

后来，霍金轮椅上的装置不断进化，达到了世界顶尖科技水平。这个看似普通的轮椅，承载着最为先进的科学技术，也正是这些超前的科技，让丧失生存能力的霍金继续实现自身价值。

· 项目评价 ·

请根据如下思维导图，回顾和总结本项目所学知识。

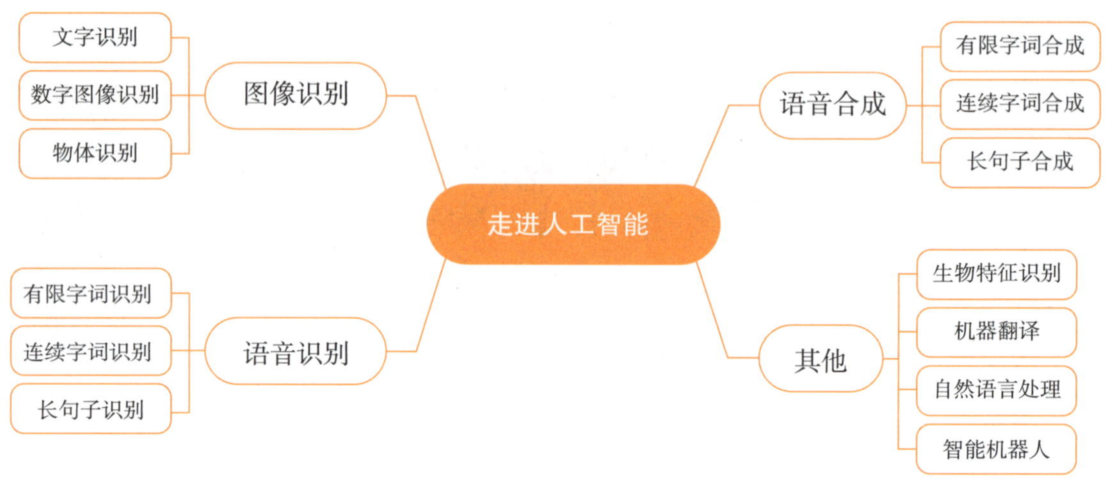

本项目完成后，请你根据如下评价表，对本项目的学习过程进行评价。

序号	评价内容	达成情况		
		达成	部分达成	尚需努力
1	了解图像识别技术及其发展历程，能够列举其实际应用，知道影响人脸识别效果的因素			
2	了解语音识别技术及其发展历程，能够列举其实际应用，知道影响语音识别效果的因素			
3	了解语音合成技术及其发展历程，能够列举其实际应用			
4	知道什么是生物特征识别技术，知道常见的生物特征识别技术，并能说出其对应的实际应用			
5	了解自然语言处理、机器翻译技术，能够说出机器人翻译的优缺点			
6	了解智能机器人的定义，能够列举其在各行业中的具体应用			

项目三

人工智能的感知

同学们，人类具有五种感觉，分别是视觉、听觉、触觉、嗅觉和味觉。我们可以通过感觉器官感受周围环境或收集信息，比如人可以通过眼睛看到图像、通过耳朵听到声音等。人工智能同样也有类似的感觉器官——传感器。在这个项目中，我们将一起探索帮助人工智能实现图像、声音、运动等感知的传感器到底有哪些，了解人工智能是如何利用感知到的数据做出反应的。

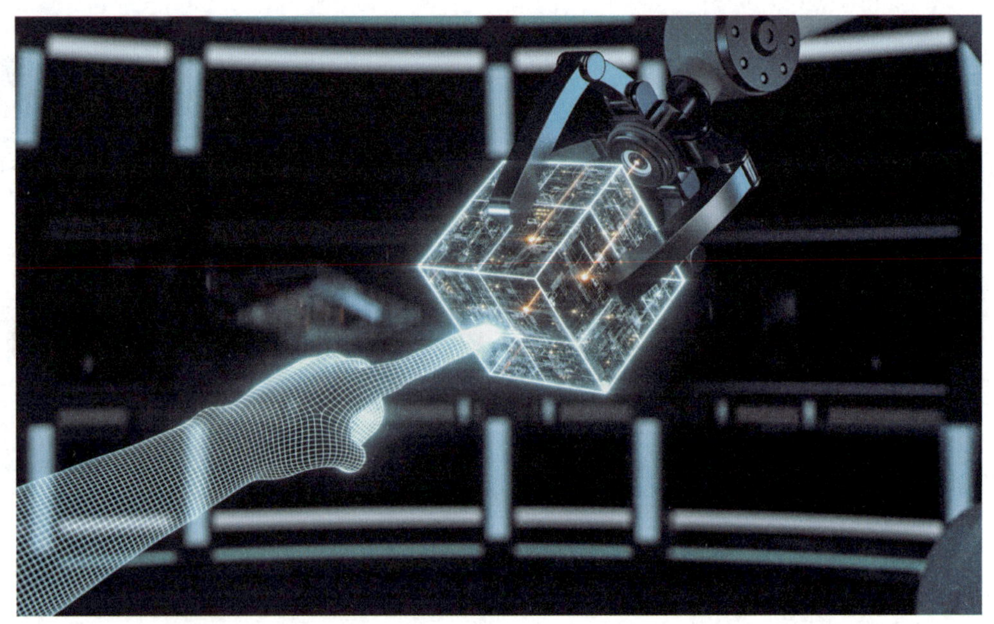

项目目标

1. 了解视觉传感器的作用，知道其基本工作原理，并能够列举其在日常生活中的应用。
2. 知道超声波、激光雷达、红外等传感器的作用及应用场景。
3. 掌握超声波测距的原理，知道其工作过程，了解 TOF 测距技术及主要应用。
4. 进一步理解程序结构中的循环结构，掌握条件循环的概念及相关编程指令。

5. 能够编写条件循环结构程序对传感器采集的数据进行处理，控制机器人执行指定任务，并绘制其程序流程图。
6. 了解听觉传感器，知道其基本工作原理，并能够列举其在日常生活中的应用。知道声纹、噪声、声音频率等传感器的作用及应用场景。
7. 知道加速度计、陀螺仪、地磁、惯性测量单元（IMU）、倾斜等运动传感器的作用及应用场景。
8. 初步理解程序结构中的分支结构，掌握单分支、双分支的概念及相关编程指令。
9. 能够编写分支结构程序对传感器采集的数据进行处理，控制机器人执行指定任务，并绘制其程序流程图。
10. 了解智慧农业的概念，知道触觉、嗅觉、温度、湿度、光线等传感器的作用及应用场景。

项目过程

本项目设计了 6 次课，共 6 个学习活动。同学们将在老师和人工智能机器人的引导下，通过观察、讨论、小组合作等方式完成项目活动，达成学习目标。

1. 活动一：通过对比人用眼睛看到环境，引出人工智能的“眼睛”为视觉传感器；了解视觉传感器的功能和工作原理，知道最常见的视觉传感器为摄像头，并通过列举其应用场景，加深认识；通过人工智能的典型应用无人驾驶场景，进一步学习其他帮助人工智能感知环境的传感器（如超声波传感器、激光雷达）的作用。
2. 活动二：学习超声波传感器的工作原理及工作过程，分析其在汽车倒车雷达中的应用；简单探究影响超声波测距准确性的因素；了解 TOF 测距技术及其主要应用；学习程序中条件循环的概念及相关编程指令；编写条件循环结构程序对超声波传感器采集的数据进行处理，实现机器人对距离的感知，并绘制其程序流程图。

3. 活动三：通过对比人用耳朵听到声音，引出人工智能的“耳朵”为听觉传感器；了解听觉传感器的功能和工作原理，知道最常见的听觉传感器为麦克风；学习其他类型的听觉传感器，如声纹传感器、声音频率传感器、噪声传感器的作用；编写条件循环结构程序对声音传感器采集的数据进行处理，实现机器人对声音的感知。
4. 活动四：学习人工智能机器人可以依靠运动传感器来感知自身运动状态；详细了解加速度计、陀螺仪、地磁、惯性测量单元（IMU）等运动传感器的具体功能和可能的应用场景；根据生活经验展开课堂讨论，探究并列举出加速度计、陀螺仪、地磁传感器在手机中的应用场景。
5. 活动五：了解倾斜传感器的工作原理及过程；学习程序结构中的分支结构，掌握单分支、双分支的概念及相关编程指令；通过对比三大程序结构的流程图和执行过程，进一步理解分支结构；编写分支结构程序对倾斜传感器采集的数据进行处理，实现机器人对运动状态的感知，并绘制其程序流程图。
6. 活动六：通过对比人具备的其他感觉能力，如触觉、嗅觉等，引出帮助人工智能感知环境的其他传感器，如触觉传感器、嗅觉传感器、温湿度传感器等，学习它们的功能，并通过了解它们的应用领域（如智慧农业）加深认识；尝试编写较复杂的程序对传感器采集的数据进行处理，实现机器人对环境信息的感知。

三　第1课　人工智能的“眼睛”

想一想

人通过眼睛看到图像，那人工智能是如何看到图像的呢？一起来探索一下吧。

探一探

1. 请简述视觉传感器的基本工作原理，并举例说明其在日常生活中的应用。

2. 请分别简述摄像头、激光雷达、超声波传感器在无人驾驶汽车中的主要用途。

3. 请根据下表中的具体应用需求，填写可能会用到的传感器，并说一说理由。

应用需求	可能用到的传感器
短距离测量	
区分不同颜色的物体	
高精度、远距离测量	
捕捉图像信息	
检测是否有障碍物	

AI 知识库

视觉传感器：是一种可以获取和处理图像或视频信息的装置。它可以将光信号转换为电信号，从而实现对画面或视频的分析和识别，常用于图像识别、物体检测等。简单来说，视觉传感器就像是人工智能的“眼睛”，能够帮助它“看到”周围的环境，比如摄像头就是一种典型的视觉传感器。

超声波传感器：是一种利用超声波进行检测和感知的传感器。通过超声波发射和接收的时间差，它可以测量到物体的距离、检测障碍物等，常用于汽车倒车雷达、机器人避障、工业测距等领域。

激光雷达：是一种利用激光束进行检测和感知的传感器。通过激光束发射和接收的时间差，它可以确定物体的距离、形状和速度等信息，常用于自动驾驶、地图测绘等需要远距离、高精度检测的领域。

红外传感器：是一种利用红外线进行检测和感知的传感器。通过感知物体发射或反射的红外线能量，它可以检测物体的存在、温度等信息，常用于机器人避障、安防系统、人体感应、温度测量等。

课堂练习

1. 视觉传感器相当于人工智能的____________________。
2. 最常见的视觉传感器是____________________。
3. 视觉传感器可以将__________信号转换为__________信号。
4. 超声波传感器在汽车中常用于____________________。
5. 激光雷达的测量精度较高，适用于________________距离的检测。
6. 商场的自动旋转门常用________________传感器来检测是否有人。

三 第 2 课　距离的感知与判断

思考与探索

想一想

超声波传感器可以帮助机器人检测周围环境，并根据检测结果进行路径规划和避障，这是怎么做到的呢？一起来探索一下吧。

探一探

1. 请简述超声波传感器在汽车倒车雷达中的工作原理和工作过程。

2. 哪些外部因素会对超声波测距的准确性产生影响呢？请进行说明并简述原因。

3. 本节课的程序中包含哪几种程序结构？试着将本节课的程序流程图画出来，注意区分流程图中不同图形代表的不同含义。

AI 知识库

超声波测距的原理及过程：基于超声波在介质（通常是空气）中传播的特性，通过测量超声波往返时间来确定距离。

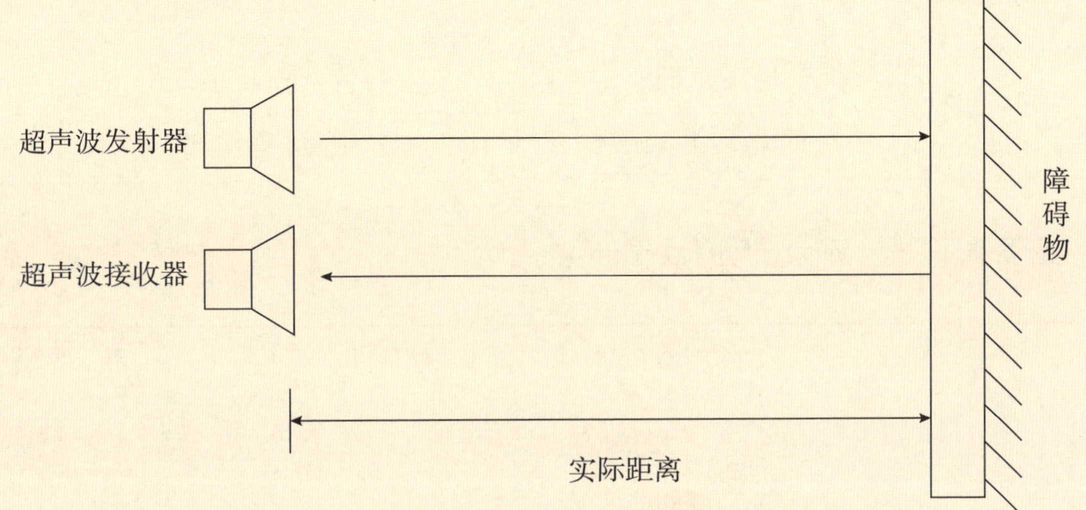

(1) 发射超声波：超声波传感器内部的发射器发射超声波脉冲。

(2) 超声波传播：超声波以声波的形式在空气中传播，直到遇到障碍物，当超声波遇到障碍物时，一部分声波会被反射回来。

(3) 接收反射波：超声波传感器内部的接收器接收反射回来的声波。

(4) 时间测量：超声波传感器内部的电路测量超声波从发射到接收回波所经历的时间，也叫“飞行时间”。

(5) 计算距离：根据超声波的声速和测量到的时间，利用公式计算出传感器与障碍物之间的距离。由于超声波需要往返一次，所以传感器与障碍物之间的距离是超声波走过的总距离的一半，计算公式为：距离 =（超声波的声速 × 时间）÷2。

TOF 测距技术：是一种基于测量信号在发射器和接收器之间的往返飞行时间来计算距离的技术。这种技术可以应用于各种传感器，比如激光雷达、超声波传感器、红外传感器等。

循环结构：

循环类型	特点	应用场景
有限循环	有明确的循环次数	需要重复执行一定次数的情况
条件循环	根据特定条件判断是否继续循环	需要在特定条件下才重复执行的情况
无限循环	不会自动停止循环	需要不停地重复执行的情况

1. 超声波在空气中传播时，遇到障碍物会产生________________。
2. TOF 测距技术是基于测量信号在发射器和接收器之间的____________来计算距离的。
3. 假设超声波传感器测量到的时间为 1 秒，声速为 340 米 / 秒，那么距离障碍物____________米。
4. 对于需要在特定条件满足时才重复执行特定操作的任务可以使用____________循环。

三

第3课　人工智能的“耳朵”

想一想

人通过耳朵听到声音，那人工智能是如何听到声音的呢？一起来探索一下吧。

探一探

1. 请简述听觉传感器的基本工作原理，并举例说明其在日常生活中的应用。

2. 思考一下声纹传感器可以应用在哪些方面。请结合一些具体的使用场景进行说明。

3. 请根据下表中的具体应用需求，填写可能会用到的传感器，并说一说理由。

应用需求	可能用到的传感器
环境噪声监测	
智能声音门锁	
通过声音识别情绪	
睡眠监测	
监测机器运转情况	
识别家庭成员的声音	

AI 知识库

听觉传感器：也称声音传感器，是一种专门用于检测和感知声音或声波的装置。它可以将声音信号转换为电信号，从而实现对声音的检测和分析，常用于语音识别、音频处理、噪声监测等。简单来说，听觉传感器就像是人工智能的“耳朵”，能够帮助它“听到”周围的环境，比如麦克风就是一种典型的听觉传感器。

多种多样的听觉传感器：

- 声纹传感器：一种专门用于检测和识别声纹的传感器。声纹是指人的声音特征，每个人的声纹都是独特的，就像指纹等一样。声纹传感器可用于身份验证、安全系统和个性化服务等。
- 噪声传感器：主要测量的是声音强度，通常以分贝（dB）为单位表示。噪声传感器可用于环境噪声监测，保障舒适的生活环境；自动化生产中监测机器运行声音，及时发现异常；医疗中可用于睡眠监测，分析打鼾声音的强度和频率，帮助诊断睡眠障碍等。
- 声音频率传感器：一种专门测量声音频率的传感器。声音频率传感器可用于安防系统，检测异常声音，警示可能的入侵；情绪识别系统可以利用声音频率来判断人的情感状态等。

课堂练习

1. 听觉传感器相当于人工智能的____________________。
2. 最常见的听觉传感器是____________________。
3. 听觉传感器可以将__________信号转换为__________信号。
4. 在智能家居系统中可以使用__________传感器来验证主人身份，使用__________传感器来监测室内噪声水平。
5. 智能客服系统可以使用____________________传感器来识别客户的情绪，根据客户的情绪状态来提供更合适的回复。

三

第 4 课　人工智能如何感知运动

想一想

人可以通过多种方式感知自己的运动状态，那么人工智能机器人是如何感知运动状态的呢？一起来探索一下吧。

探一探

1. 请简述运动传感器的基本工作原理，并举例说明其在日常生活中的应用。

2. 下列四种运动传感器的主要功能是什么？有哪些实际应用？请将答案填写在下表中。

运动传感器	主要功能	实际应用
加速度计		
陀螺仪		
地磁传感器		
惯性测量单元		

3. 思考一下加速度计、陀螺仪、地磁传感器在手机中分别有什么作用。请结合一些具体的使用场景进行说明。

AI 知识库

运动传感器：一种能够检测物体运动状态、测量物体运动变化的装置。运动传感器可以感知物体的姿态、速度、位置等运动信息，并将这些信息转换为电信号，常用于运动监测、机器人导航、自动驾驶等。

多种多样的运动传感器：

➢ 加速度计：测量物体在三个坐标轴上的加速度。可以用于检测物体的移动、振动和倾斜等运动状态，常用于运动跟踪、姿态保持等。

➢ 陀螺仪：测量物体的角速度和旋转姿态。对于物体的旋转运动非常敏感，常用于飞行器稳定飞行、导航系统等。

➢ 地磁传感器：通过测量地球磁场，从而确定设备方向。常与其他传感器结合使用，提供更准确的定位和导航服务等。

➢ 惯性测量单元（IMU）：由加速度计和陀螺仪等组成，通过融合多个传感器的数据，更精确地计算出物体的姿态、航向、速度等信息。常用于自动驾驶车辆的姿态控制、定位和导航系统等。

课堂练习

1. 运动传感器可以将________信息转换为________信号。
2. 对物体的旋转运动非常敏感的运动传感器是________________。
3. 惯性测量单元（IMU）主要包括________、________等。
4. 运动传感器在智能手机中的应用有________、________、________等。

第 5 课　运动的感知与判断

想一想

人工智能机器人可以借助各种传感器了解自身运动状态，那它们是如何根据不同状态执行相应的动作和反应呢？一起来探索一下吧。

探一探

1. 请简述课堂中使用的倾斜传感器的基本工作原理及工作过程。

2. 请在下表中分别绘制三种程序结构的示例流程图，并说一说生活中还有哪些例子体现了这三种程序结构的思想。

程序结构	顺序结构	分支结构	循环结构
示例流程图			

3. 本节课的程序中包含哪几种程序结构？试着将本节课的程序流程图画出来，注意区分流程图中不同图形代表的不同含义。

AI 知识库

倾斜传感器：一种专门用来检测物体相对于参考面（通常是水平面）的倾斜角度的装置。可以精确地感知物体的倾斜状态，并将其转换为电信号或其他形式的输出，以便于后续的处理和分析。常用于机器人技术、工业自动化等。

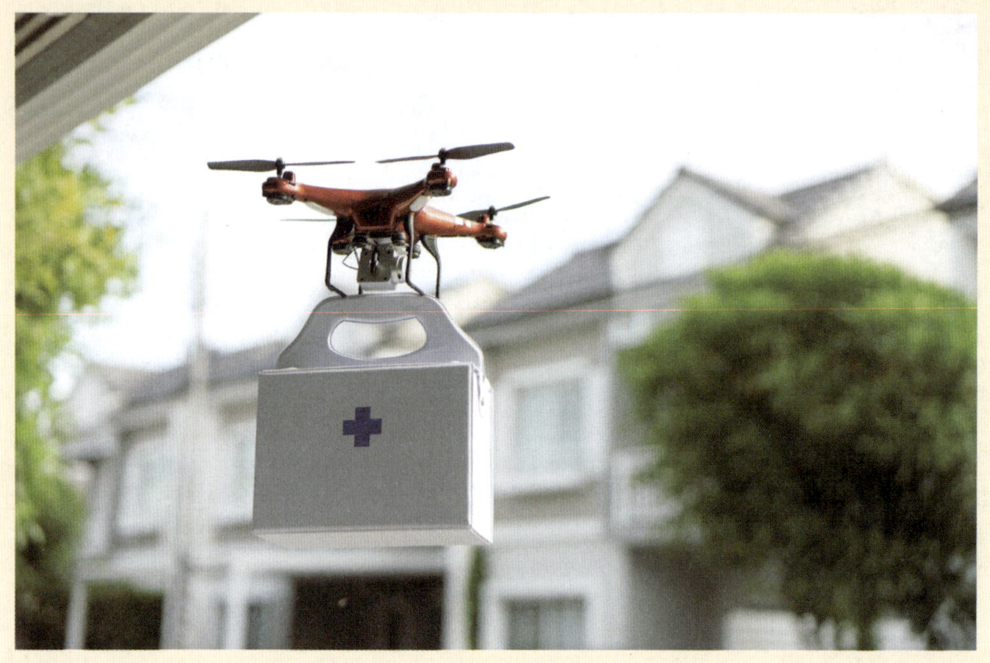

分支结构：

分支类型	特点	流程图示例
单分支	条件成立：执行步骤 A 条件不成立：跳过步骤 A	判断条件 → 是 → 步骤 A；否 → 跳过

续表

分支类型	特点	流程图示例
双分支	条件成立：执行步骤 A 条件不成立：执行步骤 B	判断条件 否 是 步骤 A 步骤 B

课堂练习

1. ____________是一种专门用来检测物体相对于参考面（通常是水平面）的倾斜角度的装置。
2. ____________结构可以在条件成立时执行一些操作，条件不成立时也执行一些操作。
3. ____________结构可以在条件成立时重复执行一些操作。
4. 三大程序结构分别是____________、____________、____________。

三 第 6 课 丰富多样的感知

想一想

除了视觉和听觉，人还有触觉、嗅觉、味觉，而且还能感知环境的温度、湿度等，那么人工智能可以吗？一起来探索一下吧。

探一探

1. 触觉传感器可以应用在哪些方面呢？请结合一些具体的使用场景进行说明。

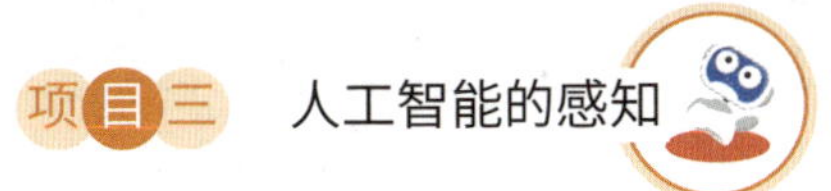

2. 请根据下表中的具体应用需求，填写可能会用到的传感器，并说一说理由。

应用需求	可能用到的传感器
安全监控	
人机交互界面	
智能路灯	
农田环境监测	
自动窗帘	

3. 请根据生活经验和所学知识，发挥创意设计一个智慧农业系统，描述清楚每个功能，并列出需要用到的传感器。

功能描述	用到的传感器

AI 知识库

触觉传感器：是一种能够模拟人类触觉的传感器，它可以检测压力、触摸、振动等多种物理刺激。常用于机器触觉感知，比如帮助机器人完成抓取等操作、智能系统的人机交互等。

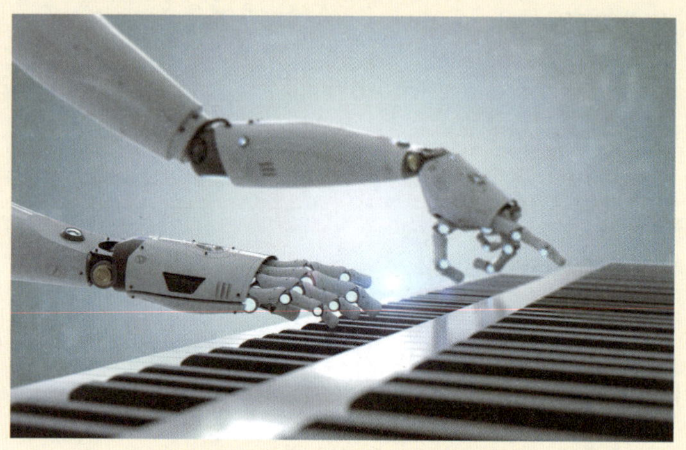

嗅觉传感器：也称气体传感器，用于检测气体成分或浓度的传感器。常用于智能家居中的空气净化、工厂自动化中的气体监测等。

温度传感器：用于测量温度的传感器。常用于智能家居系统自动调节室内温度、智能恒温器、火灾搜救机器人等。

湿度传感器：用于测量环境湿度的传感器。常用于智能空调系统、智慧农业中的土壤湿度监测等。

光线传感器：用于测量环境光线强度的传感器。常用于手机屏幕的自动亮度调节、智能路灯等。

智慧农业：利用人工智能、传感器、物联网等多种先进的技术，将农业生产的各类设备与要素构建成一个智能化的系统，实现农业生产过程的自动化、智能化管控。例如，利用智能传感设备来监测和调节土壤湿度、温度等环境参数，通过数据分析来优化种植方案、预测病虫害发生等。

课堂练习

1. 请列举三个触摸传感器的应用例子：____________、____________、____________。
2. 智慧农业系统可以使用____________传感器进行土壤湿度监测。
3. 火灾搜救机器人一般都配备了____________传感器，帮助机器人避开高温区域，保护自身安全，并确定可能存在幸存者的区域。
4. 手机屏幕自动调节亮度通常用到了____________传感器。
5. ____________传感器可以集成在商场的安保系统中，用于检测烟雾、气体泄漏或异味等，为公共场所安全提供保障。

· 拓展阅读 ·

感知智能

在当代科技的蓬勃发展中，人工智能正以惊人的速度崛起，并在各个领域展现出巨大的潜力。其中，感知智能作为人工智能的核心领域之一，正逐渐揭示其令人振奋的可能性。

感知智能，顾名思义，是指人工智能具备感知周围环境的能力。这包括了视觉、听觉、触觉等多种感知方式。而传感器则是感知智能的关键组成部分，扮演着类似人工智能“感官器官”的重要角色。传感器负责采集信息，而感知智能则负责处理和理解这些信息。

不过，传感器技术的发展也面临一些挑战。提高传感器的精度和可靠性，以及处理复杂环境中的感知数据等，都是需要不断努力的方向。同时，确保传感器所采集数据的安全性和隐私保护也非常重要。新型传感器的研发，如量子传感器和生物传感器等，为感知智能带来了新的希望。同时，人工智能算法的进步也使得对传感器数据的处理和分析更加高效准确。

另外，单一的传感器往往只能提供有限的信息，多传感器融合技术的出现进一步提升了感知智能的能力。通过融合多个传感器的信息，系统可以获得更全面、更准确的感知结果，不仅克服了单一传感器的局限性，还可以通过数据互补和信息冗余提高系统的容错能力，确保在部分传感器失效或受到干扰时仍能正常工作。例如，在自动驾驶中，融合摄像头、激光雷达、超声波传感器等多种传感器的信息，可以提供更全面的车辆周围环境数据，提高行驶安全性。

在实际应用中，多传感器融合技术需要解决数据同步、坐标系转换、数据融合等问题。研究人员和工程师们正在不断探索和创新，以便开发出更高效、更精确的多传感器融合算法。

相信未来，随着传感器技术的不断进步和多传感器融合算法的不断优化，感知智能将变得更加敏锐和智能，将为各个领域带来更多的创新应用，改善我们的生活质量，并推动行业的发展。

科技赋能下的智慧农业

随着科技的不断发展，人工智能技术正逐渐渗透到各个领域，为传统行业带来革命性的变革。在农业领域，人工智能技术的应用更是为智慧农业的发展注入了新的活力。智慧农业是指借助先进的信息技术和物联网技术，结合农业生产的实际需求，实现农业生产过程的智能化和自动化。而这其中，传感器的应用和人工智能技术是推动智慧农业发展的关键力量。

传感器作为智慧农业的“千里眼”，能够实时监测和收集农业生产中的各种关键数据。通过部署在农田中的温度、湿度、光线等传感器，可以精确地获取土壤状况、气象信息等数据，为农民提供准确的农业环境信息。这些数据对于农作物的生长管理和决策具有重要意义。例如，根据传感器监测到的土壤水分情况，农民可以精准地进行灌溉，避免水资源的浪费；根据光照强度数据，农民可以合理调整农作物的种植密度和光照时间，提高光合作用的效率。

人工智能技术则是传感器数据的“最强大脑”，让传感器收集到的数据释放出巨大价值。例如，人工智能技术可以对传感器收集到的土壤湿度、温度、光照等数据进行深度分析，结合气象信息，可以对农作物的生长状况进行预测；利用图像识别技术可以对农作物的生长状况进行实时分析，帮助农民快速发现病虫害和优化种植方案，提升产量和品质。

此外，智能农业机器在智慧农业中也发挥着重要作用。例如，农业无人机可借助其高清摄像头等传感器，完成农田测绘、作物监测、农药喷洒等任务，具有高效、精准的特点；无人驾驶的农业机器可以依据预设程序和传感器数据，自动完成耕作、播种、除草等工作，提高生产效率，降低人力成本。另外，智能农业机器的应用还可以减少传统农业生产活动对环境的影响。例如，精准施肥和灌溉，可以减少资源浪费和污染。

总地来说，传感器作为人工智能系统的感知器官，与人工智能技术相互配合，为智慧农业带来高效、精准和可持续的发展。相信随着技术进步，它们在农业中的应用前景将更加广阔，将为农业现代化注入新活力。

· 项目评价 ·

请根据如下思维导图，回顾和总结本项目所学知识。

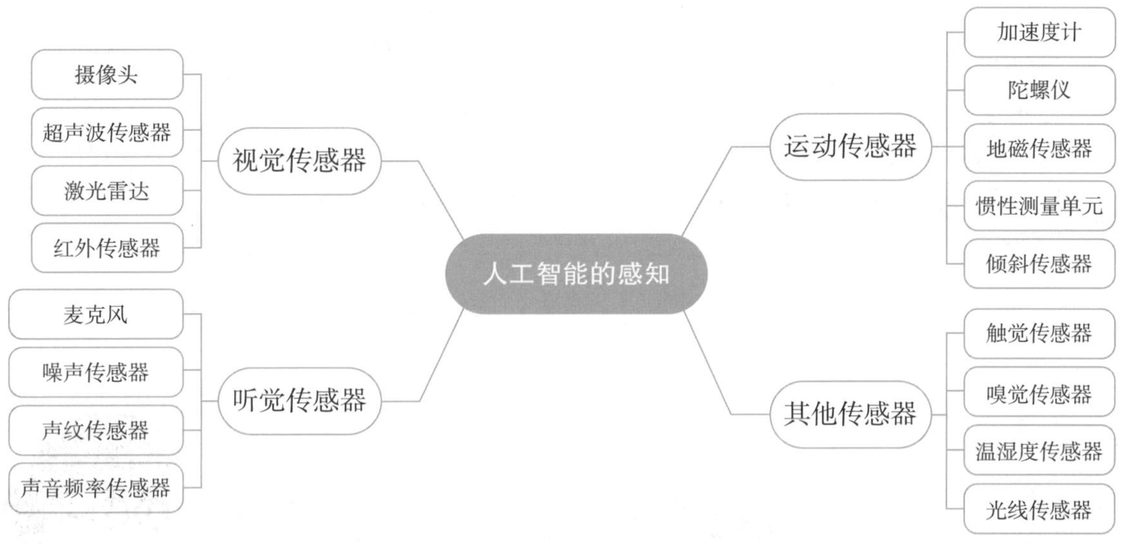

本项目完成后，请你根据如下评价表，对本项目的学习过程进行评价。

序号	评价内容	达成情况		
		达成	部分达成	尚需努力
1	知道视觉传感器的基本工作原理，能够列举其在日常生活中的应用			
2	知道超声波、激光雷达、红外等传感器的作用及应用场景			
3	掌握超声波测距的原理，知道其工作过程，了解 TOF 测距技术及主要应用			
4	清楚循环结构的执行过程，能够编写循环结构程序，对传感器采集的数据进行处理			
5	知道听觉传感器的基本工作原理，能够列举其应用，知道多种声音传感器的作用及应用			
6	知道加速度计、陀螺仪、地磁传感器、惯性测量单元（IMU）、倾斜传感器等运动传感器的作用及应用场景			
7	清楚分支结构的执行过程，能够编写分支结构程序，对传感器采集的数据进行处理			
8	知道什么是智慧农业，了解触觉、嗅觉、温湿度、光线等传感器的作用及应用场景			
9	能够绘制循环结构、分支结构的程序流程图			

项目四

人工智能的影响

同学们，我们已经了解了许多人工智能的产品及应用，还知道了人工智能可以通过各类传感器感知环境、收集数据。相信随着数据的进一步累积、算法的创新、算力的增强，人工智能将与各行各业深度融合，那时将会是一个无限可能、充满机遇和挑战的未来。在这个项目中，我们将一起探究人工智能对学习和社会正在产生哪些影响，未来还有哪些影响，以及这些影响是好是坏，我们又该如何应对。

项目目标

1. 了解智慧教育的概念，认识其在教育领域的重要性，提升对教育信息化的认识，建立智慧化学习的先进理念。
2. 知道智慧教育的各类应用，比如智能教育机器人、智能测评系统、个性化学习系统、智慧校园管理平台等在教育中的作用。

3. 能够从衣、食、住、行、医等多个角度全面总结人工智能对社会生活的积极影响。
4. 了解智能家居、智能交通、智慧医疗、智慧城市的概念，并能够列举出相关的实际应用案例。
5. 了解奇点理论，能够以辩证的思维看待人工智能对人类社会发展的巨大价值以及潜在威胁，建立与人工智能共同进步的思想。

项目过程

本项目设计了 2 次课，共 2 个学习活动。同学们将在老师和人工智能机器人的引导下，通过观察、讨论、小组合作等方式完成项目活动，达成学习目标。

1. 活动一：通过对“老师会被人工智能替代吗?”这一问题的探究，引出人工智能对教育的影响这一话题，了解智慧教育的概念，认识其在教育领域的重要性；学习智慧教育的各类应用，如智能教育机器人、智能测评系统、个性化学习系统、智慧校园管理平台等，了解这些应用的主要功能、使用场景及对学习的影响，提升对教育信息化的认识，建立智慧化学习的先进理念。
2. 活动二：从衣、食、住、行、医等多个角度展开课堂讨论，全面总结人工智能对社会生活的积极影响；了解智能家居、智能交通、智慧医疗、智慧城市的概念，并通过列举相关的实际应用案例，加深认识；通过课堂活动思考和探究人工智能对各类职业的冲击和影响；了解奇点理论，围绕“该不该大力发展人工智能”这一主题展开辩论，探究人工智能的巨大价值和潜在威胁，培养以辩证的思维看待问题的意识。

四 第 1 课 人工智能对教育的影响

想一想

人工智能显然已对教育产生影响，你觉得老师这一职业会被人工智能替代吗？为什么？

探一探

1. 老师的日常工作包括哪些？请将想到的内容填写在下图中，思考一下哪些工作可能会被人工智能替代，哪些工作不会被人工智能替代。

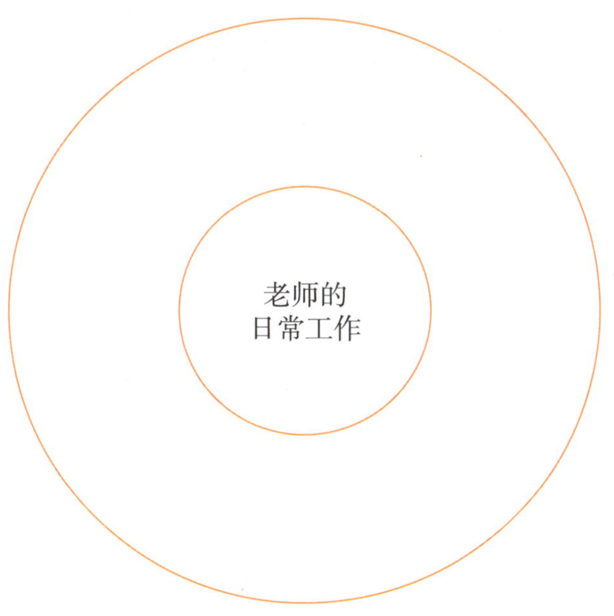

2. 人工智能对学习有哪些帮助？请结合具体的例子说一说。

3. 请发挥想象设计一个陪伴你学习的机器人，画一画它的样子，想一想它有哪些功能。

外观设计	功能描述

AI 知识库

智慧教育：是指利用先进的信息技术、智能设备等，对教育过程进行智能化的支持和管理，以改善教育环境、提高教育质量的教育系统。

智能教育机器人：是一种融合了人工智能技术的教学设备，能模拟老师教学，与学生互动，为学生提供个性化学习支持等。例如，宾果机器人可以进行编程教学，培养学生的逻辑思维，还能与学生互动，为学生答疑解惑。

智能测评系统：是一种能够测试和评估学生学习情况的工具。它可以检查学生答案，给出建议，还能根据其表现提供针对性练习等。例如，在线考试系统、语言水平测试系统等。

个性化学习系统：是一种可以根据学生个人特点和需求，提供个性化的学习内容和方式的教育工具。它可以根据学生水平推荐不同难度的题目，根据学习风格提供不同类型的学习资源等。例如，国家中小学智慧教育平台、中国大学 MOOC 在线学习平台等。

智慧校园管理平台：是一种将学校的各种管理和服务集成在一起的系统。它就像一个超级智能的大管家，可以帮助学校更高效地运作。比如，老师可以在平台上发布作业和通知，学生可以按时提交作业，平台还可以自动批改作业。另外，学校的图书馆也可以通过平台管理，使学生看到书的位置和借阅情况，方便找书或借书。

课堂练习

1. 智能教育机器人是一种融合了________________技术的教学设备，能模拟________________教学。
2. 智能测评系统是一种能够测试和评估学生________________的工具。
3. 个性化学习系统可以根据学生个人特点和需求，提供________________的学习内容。
4. ________________平台可以将学校的各种管理和服务集成在一起，提高学校运作效率。

四

第 2 课　人工智能对社会的影响

想一想

人工智能正在飞速发展，影响着人们社会生活的方方面面，这些影响都是积极的吗？会带来什么问题吗？人工智能会超越人类智能吗？

探一探

1. 人工智能让人们的生活更加方便、快捷、高效，请你从衣、食、住、行、医的角度出发，将你知道的具体变化填写在下表中。

内容描述	从前	现在
衣		
食		
住		
行		
医		

2. 你认为以下哪些职业有可能会被人工智能取代？请以填涂圆圈的方式进行评估，填涂越多，代表这一职业越容易被取代。

网店客服 ○○○○○　　推销员 ○○○○○

理发师 ○○○○○　　摄影师 ○○○○○

作家 ○○○○○　　保安 ○○○○○

警察 ○○○○○　　记者 ○○○○○

教师 ○○○○○　　收银员 ○○○○○

司机 ○○○○○　　画家 ○○○○○

服务员 ○○○○○　　快递员 ○○○○○

3. 请以“该不该大力发展人工智能”为题展开辩论，并将正方和反方的观点记录到下表中。

观点	正方：应该大力发展人工智能	反方：不该大力发展人工智能
理由一		
理由二		
理由三		
理由四		
理由五		

AI 知识库

智能家居：利用人工智能、通信、传感器等多种先进技术，将家居设备连接成一个智能网络，实现家居设备的自动化、智能化控制。例如，通过智能音箱来控制灯光、空调等家电设备。

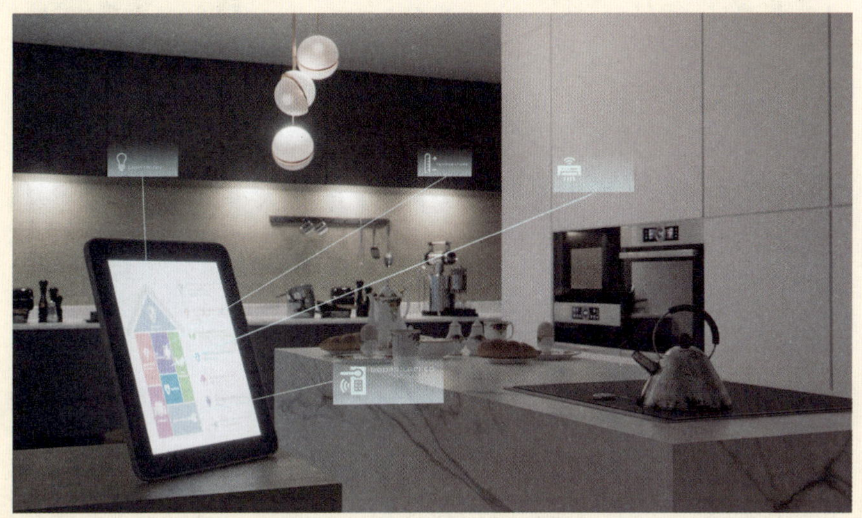

智能交通：利用人工智能、卫星导航、传感器等多种先进技术，实现对交通系统的全面感知、精准分析、智能决策，保障交通运输的高效安全。例如，智能交通信号灯、交通信息牌、ETC 收费等。

无人驾驶：利用人工智能、卫星导航、传感器等多种先进技术，实现机器的自动环境感知、路径规划和决策，实现不需要人类驾驶员直接操控的自主行驶。例如，无人驾驶汽车、无人机等。

智慧医疗：利用人工智能、物联网、大数据等多种先进技术，将患者、医生、医院、医疗设备等连接成一个智能网络，实现医疗信息化和智能化，提高医疗服务质量和效率。例如，电子病历、智能导诊、医疗机器人等。

智慧城市：利用人工智能、物联网、云计算等多种先进技术，对城市的各种基础设施、公共服务等进行全面感知、深度融合和智能分析，实现城市的智慧化管理。例如，智慧公共安全系统、城市大脑、智慧社区等。

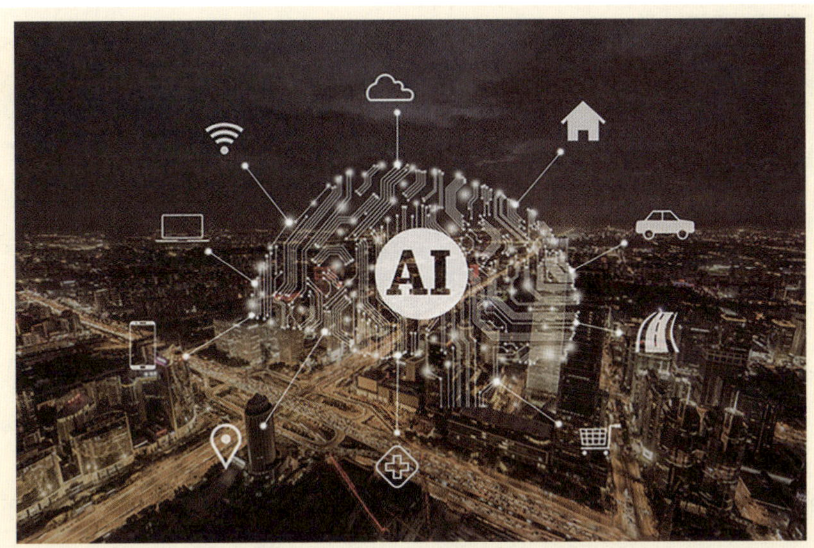

奇点理论：在人工智能领域，奇点理论通常是指随着人工智能技术的快速发展，可能会在某个时间点出现一个“奇点”，即人工智能的能力将超越人类智能，那时可能彻底改变我们的社会。

课堂练习

1. 将家居设备连接成一个智能网络，实现家居设备的自动化、智能化控制，称为______________________。
2. 请列举出三个智能交通的应用：_________________、_________________、_________________。
3. 将患者、医生、医院、医疗设备等连接成一个智能网络，实现医疗信息化和智能化，称为______________________。
4. 请列举出三个智慧城市的应用：_________________、_________________、_________________。
5. 人工智能的能力将超越人类智能的时间点通常被称为__________________。

· 拓展阅读 ·

生成式人工智能（AIGC）：赋予机器创造力

在人类历史的长河中，创造力一直是我们区别于其他物种的关键特质。而在人工智能时代的浪潮中，一种名为“生成式人工智能”的技术正悄然崛起，为我们带来了前所未有的创造力和可能性。那么，究竟什么是生成式人工智能呢？

生成式人工智能是一种能够创造新内容的人工智能技术。传统的人工智能主要侧重于分析和理解现有数据，而生成式人工智能则更进一步，能够生成全新的内容，如文本、图像、音乐甚至视频等。想象一下，你告诉生成式人工智能一个故事的开头，它就能帮你续写下去；或者你给它一个描述，它就能为你画出一幅美丽的图画。是不是很神奇呢？

在“2023 世界人工智能大会”上，生成式人工智能是绝对的主角，风靡全球的 ChatGPT 仍在进行演进，Sora 又横空出世。生成式人工智能不断刷新着人们对人工智能的认知，展示出其广泛的应用潜力和巨大的发展前景。生成式人工智能基于深度学习和神经网络，通过对大量的文本、图像、音频或其他数据的学习，能够理解并掌握其中的模式和规律。然后，当它接收到新的生成任务时，就能够根据自己的“经验”和“知识”，生成出独特的回应。

生成式人工智能的应用非常广泛，它可以在文学、艺术、音乐、教育等领域发挥重要作用，为创作者提供新的灵感和创意。同时，它也在一些领域为人们带来了便利，比如自动生成报告、文案等，为使用者提高了工作效率。值得注意的是，在教育领域，它可以作为一种创新的教学辅助手段，为学生解答各种疑惑、回答专业问题、激发学生的想象力和创造力。

然而，需要注意的是，生成式人工智能并非完美。它的结果仍然受到训练数据和模型的限制，可能存在一定的偏差或不准确性，同时，如何确保生成的内容具有独特性，而不仅仅是对现有作品的复制？这都需要人的监督和评估，以确保生成的内容符合我们的期望和价值观。

尽管存在挑战，但生成式人工智能为我们提供了一个探索机器智能和人类创造力结合的机会。它可以激发新的想法，提供创作的灵感，并在各种领域中带来创新的解决方案。

未来，我们可以期待生成式人工智能在更多领域中展现出其创造力。它将与人类创作者共同合作，互相启发，为我们带来更多令人惊叹的作品和体验。同时，我们也需要谨慎地引导和管理其发展，确保技术的应用符合伦理和社会价值观。

具身智能：人工智能的下一个浪潮

近日，由谷歌DeepMind团队与斯坦福大学华人团队等携手研发的可炒菜、能做家务的保姆级机器人 Mobile ALOHA，在社交媒体上掀起热潮。有别于以往多应用于工业领域的机器人，Mobile ALOHA 将移动性与灵巧性融入双手移动操作之中，不但能浇花、洗衣、摆放椅子，甚至还可以帮人剃胡须。它正是当下备受热议的“黑科技”——具身智能。那么，具身智能到底是一种怎样的“智能”？

通俗地讲，具身智能就是“具有身体的智能”，计算机、手机里的人工智能可视作“没有身体的智能”，也叫离身智能。目前，以 OpenAI 为代表的企业利用大量互联网文本和图像数据，构建了 ChatGPT 等大语言模型，充分展现出了人工智能处理多模态数据和满足人类需求的交互能力，但这种交互仍局限于数字世界，属于离身智能。要实现真正的通用人工智能，需要赋予 AI 在真实物理世界中交互的能力。这就要求 AI 拥有实体，像人类一样具备感知、思考和行动能力。这正是具身智能的目标。具身智能会走进真实物理世界，并对现实环境进行反馈。

作为人工智能与机器人两大前沿技术的结合（机器人为人工智能的“实物载体”，人工智能为机器人的“云端大脑”），具身智能被视为新质生产力的重要组成部分。2023 年 5 月，英伟达首席执行官黄仁勋表示，人工智能的下一个浪潮将是具身智能，即能理解、推理并与物理世界互动的智能系统。此后，全球巨头竞相入局，各类应用场景涌现，各地政府也纷纷出台支持政策。这就意味着千行百业都会有具身智能的用武之地。

“2024 中国具身智能大会”在上海徐汇西岸举行，此次大会主题为“具身共生，智塑未来”。首日开幕式上，上海具身智能产业与创新联盟正式启动，初始成员涵盖产业链上下游企业、政府、高校和研究机构。在具身智能大会的展示区，不少企业都搬出了“看家法宝”，包括能够流畅交流对话的客服机器人、适应复杂地形环境的四足机器人、匹配多种流水线作业的工业机器人等。装有 AI 大模型“大脑”的机器人可以从事家政服务、养老陪护、教育医疗、设施巡检、抢险救灾等多种工作，展现具身智能在通用场景、专业领域、垂直工业等赛道的最新应用成果。而且其中的很多机器人，如咖啡机器人、冰激凌机器人、煮面机器人等已经活跃在酒店、餐饮等多个场景，深入人们的日常生活。

然而，从人工智能到具身智能的发展还有很长的路要走，具身智能的实现需要克服许多挑战，如感知能力的提高、决策和执行的精确性、与环境的交互等。尽管具身智能还面临许多挑战，但毫无疑问，这是人类科技发展的必由之路。我们期待具身智能在未来的发展中，为人类社会带来更广泛、更深远的变革。

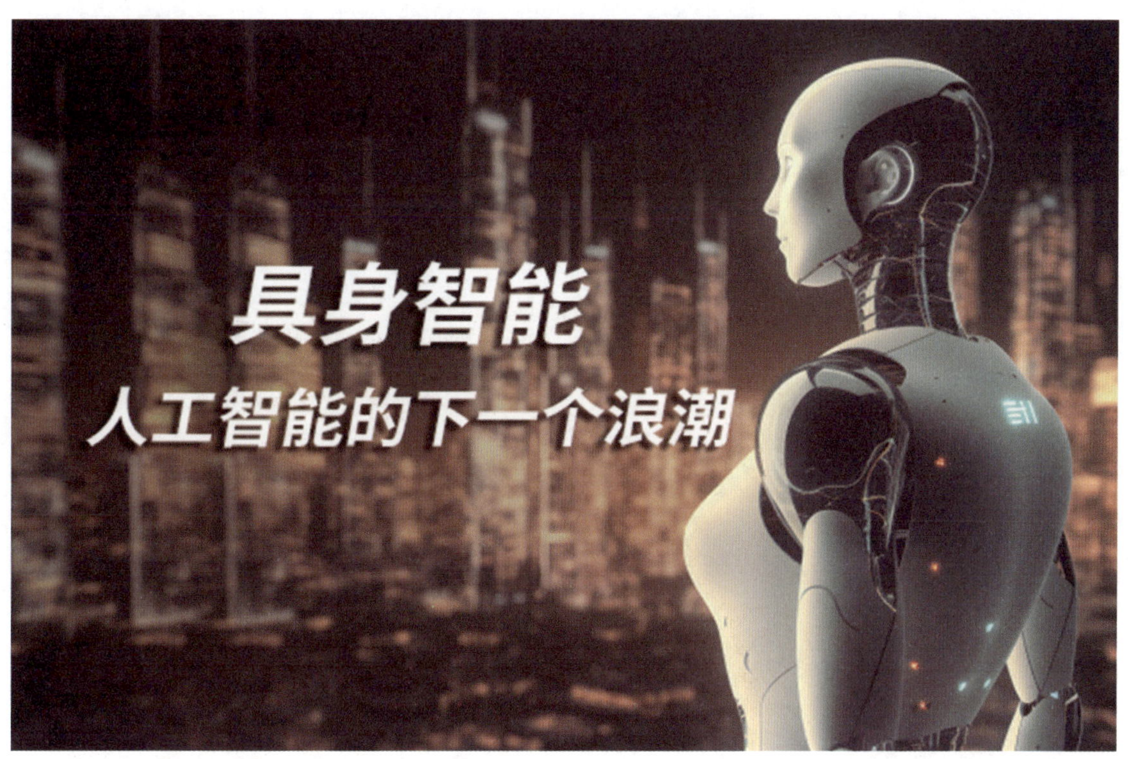

· 项目评价 ·

请根据如下思维导图，回顾和总结本项目所学知识。

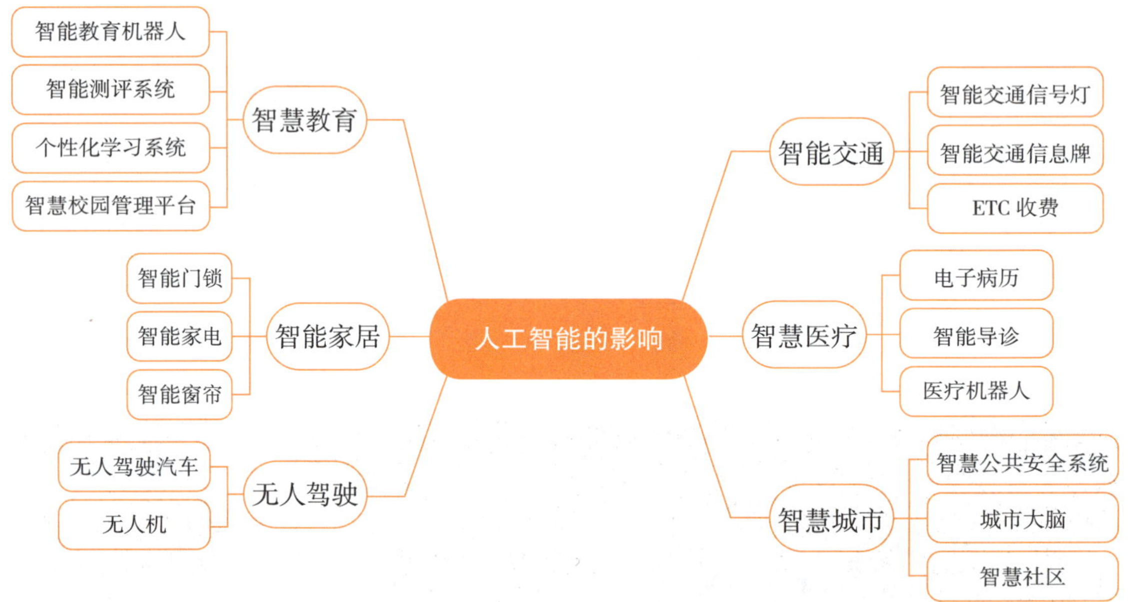

本项目完成后，请你根据如下评价表，对本项目的学习过程进行评价。

序号	评价内容	达成情况		
		达成	部分达成	尚需努力
1	清楚什么是智慧教育，知道其在教育领域的重要性			
2	能够说出智慧教育的各类应用及其在教育中的作用			
3	能够从衣、食、住、行、医的角度举例说明人工智能对生活的积极影响			
4	知道智能家居、智能交通、智慧医疗、智慧城市的概念			
5	能够举例说明智能家居、智能交通、智慧医疗、智慧城市的相关应用			
6	知道奇点理论，能够说出人工智能带来的积极影响以及潜在威胁，并能够辩证地看待人工智能的发展			

一、单选题

1. 人工智能学科是一门（　　）。

A. 数学和心理学　　B. 数学和计算机学

C. 数学和语音学　　D. 综合性的交叉学科

2. 2017 年，与当时的世界围棋第一人柯洁对弈了三盘并以 3∶0 完胜的人工智能是（　　）。

A. 深空　　B. 深蓝

C. 阿尔法狗　　D. IBM

3. 1950 年，提出了一种针对机器智能的测试方法的科学家是（　　）。

A. 明斯基　　B. 图灵

C. 冯 · 诺依曼　　D. 麦卡锡

4. 以下不属于人工智能技术应用的是（　　）。

A. 语音导航　　B. 普通电灯照明

C. 拍照识花　　D. 聊天机器人

5. 想要设计一个病虫害自动监测系统，自动识别破坏农作物的病虫害，找出对应的措施和方法，可以应用的人工智能技术是（　　）。

A. 机器翻译　　B. 语音识别

C. 图像识别　　D. 语音合成

6. 借助智能阅片系统，能够短时间内出具智能分析结果，辅助医生出具更精准的诊断报告。这是人工智能在（　　）领域的应用。

A. 工业　　B. 医疗

C. 农业　　D. 交通

7. 人工智能的感觉器官是（　　）。

A. 摄像头　　B. 各种传感器

C. 麦克风　　　　D. 程序

8. 超声波传感器主要利用了超声波的（　　）特性。

A. 折射　　　　B. 衍射

C. 反射　　　　D. 干涉

9. 人工智能时代下，最有可能消失的职业是（　　）。

A. 电话销售　　　　B. 老师

C. 艺术家　　　　D. 医生

10. 人工智能的发展对人们的生活产生的影响是（　　）。

A. 积极的　　　　B. 消极的

C. 既有积极影响又有消极影响　　　　D. 无影响

二、多选题

1. 人工智能的三要素包括（　　）。

A. 大数据　　　　B. 程序

C. 算力　　　　D. 算法

2. 以下属于人工智能技术应用的是（　　）。

A. 翻译软件　　　　B. 人脸识别

C. 机械手表　　　　D. 语音助手

3. 以下因素会影响人脸识别效果的是（　　）。

A. 照明条件　　　　B. 年龄和外貌变化

C. 人脸的位置和表情　　　　D. 脸部被遮挡

4. 以下场景应用了人工智能技术的是（　　）。

A. 使用机器人分拣包裹

B. 使用智能系统召开国际远程会议

C. 购物平台根据用户喜好推荐商品

D. 智能客服给顾客打电话

5. 以下应用属于智慧教育的是（　　）。

A. 国家中小学智慧教育平台

B. 宾果助教机器人

C. 智慧校园管理平台

D. 语言水平测试系统

6. 对待人工智能给出的结果，以下方法中正确的有（　　）。

A. 要带着问号去看待结果

B. 可以通过查询专业书籍进行求证

C. 不需要进一步求证，输出结果一定是正确的

D. 可以咨询专业人士进行求证

三、综合题

在苹果的生产、销售等环节中，分拣是很重要的一环，需要大量人工劳动按照形状、大小、颜色等特征对苹果进行品质划分。如果能设计一种苹果自动分拣装置，将大幅减少人工劳动，提高分拣效率。请根据生活经验和所学的人工智能知识进行构思和设计，并将想法填写在下表中。

功能描述 （含分拣标准）	

续表

设计草图	
工作过程（流程图）	
人工智能技术及传感器应用说明	

课堂练习及综合测评
参考答案